入門初級中国語テキスト

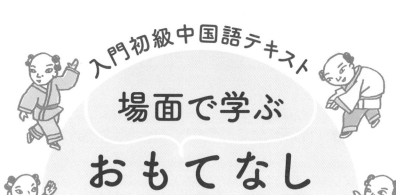

場面で学ぶ

おもてなし
中国語

辻 千春

ARM

音声教材ダウンロードサイト
MP3

https://download.arm-p.co.jp/omotenashi-chuugokugo1

音声教材作成 ● 城 友一・金国敏・王珏

補助教材ダウンロードサイト
PDF

https://download.arm-p.co.jp/omotenashi-chuugokugo2

日本語訳／練習問題（试试看！・确认力量！）解答

※別売の文法補足解説付き補助教材（冊子）もございます。
ご希望の方は直接小社までお問い合わせ下さい。

株式会社 あるむ
E-mail: arm@a.email.ne.jp
https://www.arm-p.co.jp

表紙・本文イラスト
池田朱実

はじめに

　中国語話者の人口からすると、中国語を話せたら世界のどこへ行っても中国語でコミュニケーションがとれるのではないでしょうか。一方、世界的な病禍や天災など様々な困難が生じても、観光立国政策の推進や、訪日目的の多様化、そしてスポーツなどの国際イベントの開催を通して、日本国内における中国語話者とのコミュニケーションの機会もますます増えていくことでしょう。本書は、来日した中国語話者に対する様々なおもてなしの場面を設定して中国語を学び、実際に"使える"中国語の習得を目指します。以下に記したように発音編、会話・文法編、長文読解編の3部構成になっています。各編には適宜、伝統的な習慣や昨今の事情などに関する **column** を掲載しています。その言語を育む社会に関心を寄せることは、言語習得の助けになると考えているからです。

　発音編 では、日本人初学者がもっとも困難を感じる発音の習得を、ポイントを要領よく押さえ、発音練習の機会をその都度、少しずつ設けました。また言えるようになると楽しい簡単なフレーズも「発音チャレンジ」として掲載しました。語彙のない音節ばかりの練習をしていると、発音段階でうんざりしてしまい、その先に進めません。そこで、楽しみながら習得できるように、数字や、時間の表現、家族の呼び方、あいさつ言葉など、覚えて使ってみたくなる言葉で発音を習得できるようにもしています。さらに発音編の最後に、中国語の早口言葉を掲載したので、発音を一通り学んだらチャレンジしてみましょう。

　会話・文法編 では、訪日中国人とそのサポーターの日本人大学生との会話を、出迎えや買い物、旅行、温泉、B級グルメ、受診などといった、身近な場面で展開させました。いずれも学修後に、実際のおもてなしの場面で応用できるような会話文で構成しました。なお文法的な用語は、できるだけわかりやすい言葉で表現するようにしています。

　長文読解編 では、中国社会を異なる角度から捉えた3つの文章を、中級段階へと進むステップとして掲載しました。書かれている内容について、さらに調べたり、日本の場合と比較したりするなど、読み込んでいただけるとよいと思います。

　外国語は使えば使うほどに慣れ、自身の言葉となります。本書で身につけた中国語や中国文化に関する知識を、会話や案内、おもてなしなどの場面で、臆せず、大胆に活用していきましょう。

　最後になりましたが、本書の作成に当たり、中国語文を王莉莎先生（名城大学）、甘靖超先生（名古屋大学）、劉欣先生（同）、金国敏先生（天津職業技術師範大学）に見ていただきました。また音声教材作成には城友一様、金国敏先生、留学生王珏同学にご尽力いただきました。記してお礼申し上げます。

著　者

目　次

発 音 編

中国語の1つの漢字の音の構成を「音節」といい、それは**子音**（音声の中心となる部分）と**母音**（響きの中心となる部分）、そして**声調**（決まった高低の抑揚）からなっています。たとえば"马"(馬)は「mǎ」と音節を表記し、その構成は、「m」＝**子音**と「ɑ」＝**母音**、そして「ˇ」＝**声調**（第三声を表す声調符号）からなっています。また漢字によっては**母音**だけから音節が構成されているものもあります。たとえば"爱"(愛）は「ài」と音節を表記し、その構成は、「ɑi」＝**母音**と「ˋ」＝**声調**（第四声を表す声調符号）だけからなっています。なお、このアルファベットによる発音表記をピンイン（"拼音" pīnyīn）と言います。"马""爱"は簡体字と言い、字画を減らすことで識字率の向上を期して1956年に定められました。

馬
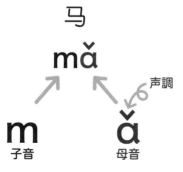

爱

1 声調と四声

　中国語の漢字は、1つひとつが決まった声の高低や上がり下がりの調子「声調」を持っています。中国の国語（"普通话" pǔtōnghuà）にはそれが4種類あり、「四声」と呼ばれます。それぞれ第一声、第二声、第三声、第四声といい、母音の上に付された4種の符号 ‾ ˊ ˇ ˋ で表されます。漢字の総数は8万数千余とも言われますが、音節は411個しかなく（p.106「中国語音節表」参照）、発話において声調と音節は一体となって意味をなすので四声の習得が大切なのです。

- **第一声**：できるだけ高い音をそのまま伸ばすようにする。

　　☞一定の最も高い音を出すようにすると四声が安定します。声域も広がり音の高低の変化がつけやすくなります。

- **第二声**：音節を構成している最後の母音を急激に上げるようにする。

　　☞母音が1つだけの場合は同じ母音をもう一度発音するようにします。

- **第三声**：符号につられないで、低く抑えるようにする。

　　☞低く抑える発声は苦しく、自然に上昇したくなりますが、後半部分を上昇させないようにします。

- **第四声**：音節を構成している最後の母音を急激に下げるようにする。

　　☞母音が1つだけの場合は同じ母音をもう一度発音するようにします。

①母音が1つの場合

☞第二声と第四声は同じ母音を2度発音するようにします。

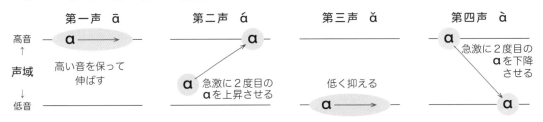

②母音が2つ以上の場合

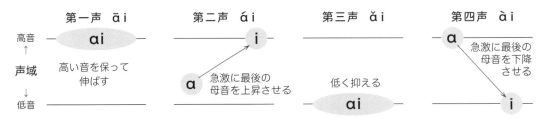

🎵発音してみましょう

mā(妈)　má(麻)　mǎ(马)　mà(骂)　āi(哀)　ái(癌)　ǎi(矮)　ài(爱)

2 軽声

固有の声調を持たない音節をいいます。

● 第一声、第二声、第四声の後ろの軽声は低く、第三声の後ろの軽声は高く発音する。

☞前の音節を通常より強く長めに発音し、それに軽く添える程度に発音します。

māma(妈妈)　yéye(爷爷)　nǎinai(奶奶)　bàba(爸爸)

3 単母音

1つの母音だけからなる6つの単母音と、[er] があります。単母音は発音の中心となるので、正確に発音の仕方を習得しましょう。

a (a)	o (o)	e (e)	i (yi)	u (wu)	ü (yu)	er (er)

☞( ) は前に子音がつかない時の表記

a 日本語の「あ」よりも意識的に口を大きく開けて発音する。

o 日本語の「お」よりも意識的に口を丸くして発音する。

e 日本語にはない音。日本語の「え」の口で「お」を発音する。

i 口角を左右に意識的に引いて日本語の「い」を発音する。

u 口をすぼめて前にぐっと突き出す「う」。日本語の「う」とは全く異なる。

ü 日本語の「ゆ」の口の構えをして「い」を発音する。

er [e] を発音しつつ舌を巻き上げる。　　　　＊音声教材は全て第一声です。

♪ 単母音に声調（四声）をつけて発音してみましょう

a ——	ā	á	ǎ	à		u ——	wū	wú	wǔ	wù
o ——	ō	ó	ǒ	ò		ü ——	yū	yú	yǔ	yù
e ——	ē	é	ě	è		er ——	ēr	ér	ěr	èr
i ——	yī	yí	yǐ	yì						

> まずは、単母音の発音と四声をマスターしましょう！

発音チャレンジ

Māma qí mǎ, mǎ màn, māma mà mǎ.
妈妈 骑 马, 马 慢, 妈妈 骂 马。

4 複母音

複母音には、1音節の中に母音が2つ組み合わさっている二重母音と、3つ組み合わさっている三重母音があります。

☞外見は単母音の組み合わせなのですが、1音節なので、発音時には1つの音として以下のように母音に強弱をつけて単母音と同じ長さで発音します。

(1) 強 → 弱　　　ɑi　　ei　　ɑo　　ou

> たとえば "爱" は [ɑ] [i] と2拍かけて発音しないで、[ɑi] と1拍で発音します。

(2) 弱 → 強　　　iɑ　　ie　　uɑ　　uo　　üe

(3) 弱 → 強 → 弱　　iɑo　　iou　　uɑi　　uei

*(1)〜(3)の音声教材は全て第一声です。

♪発音してみましょう

ài(爱)　　yě(也)　　yuē(约)　　yào(要)　　wéi(围)

声調符号の位置の決まり

声調符号は母音の上につけます。単母音の場合はその母音の上ですが、複母音は、ɑ の上＞ e か o の上＞［ui］の場合は i の上、［iu］の場合は u の上、という優先順で付します。なお、［ i ］に声調符号を付すときは "・" をとって［yī］と表記します。

✎ 次の音節に声調符号をつけてみましょう。数字は声調を表します。

wu 3（五）　　shuai 4（帅）　　qiong 2（穷）　　tie 3（铁）　　dui 4（对）　　xiu 1（休）

5 鼻母音

鼻母音とは鼻から息が抜ける母音をいいます。［-n］と［-ng］の2種類あります。

☞［-n］は舌を上あごに押しつけるようにして「ん」、［-ng］は口を開いて、鼻から息を抜きながら「ん」と発音します。［-ng］は「んぐ」ではありません。

an	en	ian	in	uan	uen	üan	ün
ang	eng	iang	ing	uang	ueng	ong	iong

*音声教材は全て第一声です。

♪発音してみましょう

wán(完)　　wáng(王)　　lín(林)　　líng(铃)

> ［n］［ng］、どちらの音か迷ったら、漢字を音読みしてみて、「ん」で終われば大体［n］になります。

10

6 子音

中国語の子音は全部で21個あります。発声時の空気を遮る器官（調音器官）によって(1)唇音　(2)舌先音　(3)舌根音　(4)舌面音　(5)そり舌音　(6)舌歯音の6つに分けられます。さらに、無気音と有気音という意味を区別する音の世界があり、[b–p／d–t／g–k／j–q／zh–ch／z–c] という6つのペアになっています。無気音は息を摩擦させずに発音し、有気音は息を摩擦させて発音します。無気音と有気音のペアに注意しながら子音の発音の要領を習得しましょう。

⑴ 唇音：b・p・m・f
- [b・p・m] は両唇をしっかり閉じて息をため急に開けて発音する。[f] は、英語の「f」のように上の前歯で下唇を摩擦させる。

⑵ 舌先音：d・t・n・l
- 舌先を上の前歯の付け根あたりに軽くつけて発音する。[l] は日本語の「ら」より舌を前に出す。

⑶ 舌根音：g・k・h
- 舌の奥の部分をのどの奥に触れさせるようにして、のどに力を入れて発音する。[h] は喉の奥で強く摩擦させる音で、まず「ハァ」と息を吐き、続いて音を出すようにする。

⑷ 舌面音：j・q・x
- 舌先を下の前歯のつけ根につけて発音する。

⑸ そり舌音：zh・ch・sh・r
- [zh] と [ch] は舌先を上にそらせて硬口蓋に触れさせ、この口の構えで「ち」を発音すると [zh] の音になる。同様に吐く息を摩擦させて「ち」を発音すると [ch] の音になる。
- [sh] は、同様に舌先を上にそらせるが、硬口蓋には触れず、狭い息の通り道を作って「し」を発音する。この [sh] の口の構えで「り」と発音すると [r] の音になる。

⑹ 舌歯音：z・c・s
- 舌先の少し奥側を硬口蓋の少し前の部分につけて発音する。

♪ (　) の母音をつけて無気音と有気音に注意して発音してみましょう　　＊音声教材は全て第一声です。

	無気音	有気音		
唇　　　音	b(o)	p(o)	m(o)	f(o)
舌　先　音	d(e)	t(e)	n(e)	l(e)
舌　根　音	g(e)	k(e)	h(e)	
舌　面　音	j(i)	q(i)	x(i)	
そり舌音	zh(i)	ch(i)	sh(i)	r(i)
舌　面　音	z(i)	c(i)	s(i)	

♪無気音と有気音に注意して発音してみましょう

pǔbiàn(普遍)　dìtiě(地铁)　gāokǎo(高考)　qiánjìn(前进)　zhīchí(支持)　zuòcuò(做错)

発音のおさらい

(1) 無気音と有気音はしっかり区別

☞有気音は思い切って吐く息を摩擦させましょう。無気音はローマ字表記につられて濁音化しないようにしましょう。ただし、第三声や軽声のときは自然に濁音化します。

♪発音してみましょう

bà（爸）— pà（怕）　　　dī（低）— tī（踢）　　　gǎo（稿）— kǎo（考）

jiè（借）— qiè（切）　　　zhī（知）— chī（吃）　　　zài（再）— cài（菜）

(2) 子音 ＋［iou／uei／uen］ ➡ 子音 ＋［iu／ui／un］

☞子音がつく場合、［o］や［e］を表記しませんが、発音上はゼロではありません。特に第三声のときはかなりはっきり発音します。

♪発音してみましょう　　　liū（溜）　　liú（流）　　liǔ（柳）　　liù（六）

(3) 日本語の「う」のように聞こえる［i］を発音する［zi／ci／si］

♪発音してみましょう　　　zì（字）　　cì（次）　　sì（四）

(4) 日本語の「う」ではなく、口を前に突き出す［u］

♪発音してみましょう　　　zú（足）　　cù（醋）　　sù（宿）

(5) 日本語の「え」の口で「お」を発音する［e／eng］

♪発音してみましょう　　　è（餓）　　lěng（冷）

> ピンインはローマ字読みすると大体発音できますが、ローマ字表記と発音が違うものはしっかり覚えましょう！

(6) ［ian］は「いえん」、［iang］は「いあん」

♪発音してみましょう　　　yán（言）　　yáng（羊）　　biàn（変）　　liàng（量）

(7) 中国語の［ha・hu・he］ ≠ 日本語の「は・ふ・へ」

♪発音してみましょう　　　hā（哈）　　hú（湖）　　hè（賀）　　hǎo（好）　　huò（貨）

(8) ［zh／ch／sh／r］は舌を硬口蓋に向けてそりあげて、舌に力を入れて音を出す

♪発音してみましょう　　　zhū（猪）　　chá（茶）　　shǎo（少）　　rì（日）

発音チャレンジ

Sì shì sì,　shí shì shí,　shísì shì shísì,　sìshí shì sìshí.
四是四，十是十，十四是十四，四十是四十。

音節固有の声調が、次の場合には法則的に変化します。

⑴ 第三声の連続による変調

第三声の音節が連続する場合、先行する第三声は全て第二声に変化する。

水果 : shuǐguǒ ➡ shuíguǒ

我也很想看。: Wǒ yě hěn xiǎng kàn. ➡ Wó yé hén xiǎng kàn.

⑵ "不"の変調

"不"［bù］の後ろに第四声の語がくる場合、第四声［bù］が第二声［bú］に変化する。

不是 : bù + shì ➡ bú shì

不对 : bù + duì ➡ bú duì

☞"不"［bù］の後ろに第四声以外の声調がきても変調しません。

不吃 : bù chī　　　不行 : bù xíng　　　不好 : bù hǎo

⑶ "一"の変調

① "一"［yī］の後ろに第一、二、三声の語がくる場合、第一声［yī］が第四声［yì］に変化する。

② "一"［yī］の後ろに第四声の語がくる場合、第一声［yī］が第二声［yí］に変化する。

　① 一千 : yī + qiān ➡ yìqiān

　① 一元 : yī + yuán ➡ yìyuán

　① 一百 : yī + bǎi　➡ yìbǎi

　② 一万 : yī + wàn ➡ yíwàn

☞第1課や1日目などのように、序数や数字を1つひとつ読むときなどは変化しません。

　　dì-yī kè　　　　dì-yī tiān　　　　yījiǔjiǔjiǔ nián
　　第 一 课　　　第 一 天　　　一 九 九 九 年

♪発音してみましょう

我也想吃七只鸡。　　　Wǒ yě xiǎng chī qī zhī jī.

他不去观光。　　　　　Tā bú qù guānguāng.

我有一本词典。　　　　Wǒ yǒu yì běn cídiǎn.

1. 発音を聞いてピンイン・声調符号をつけ、地名、国名の言い方を覚えましょう。

(1) 東京　　(2) 大阪　　(3) 名古屋　　(4) 九州　　(5) 沖縄

_____ _____ _____ _____ _____

(6) 北海道　　(7) 中国　　(8) 日本　　(9) 北京　　(10) 上海

_____ _____ _____ _____ _____

2. 読み間違えやすいピンインに注意して発音してみましょう。

(1) lěng（冷）　　(2) cóngqián（从前）　　(3) jùzi（句子）　　(4) jiànmiàn（见面）

(5) dìtú（地图）　　(6) cídiǎn（词典）　　(7) gōngsī（公司）　　(8) yǎnjìng（眼镜）

(9) xiānsheng（先生）　　(10) zìjǐ（自己）

3. 発音を聞いて、ピンイン・声調符号を書きなさい。

(1) _____　(2) _____　(3) _____　(4) _____

(5) _____　(6) _____　(7) _____　(8) _____

> ピンインの地名、人名、固有名詞および文頭の語の頭文字は、大文字で書きます。

発音練習をしながら基本的な語句を覚えましょう！

1 数詞①：1〜99までの数

líng 零	yī 一	èr 二 (liǎng) (両)*	sān 三	sì 四	wǔ 五	liù 六	qī 七	bā 八	jiǔ 九	shí 十

shíyī 十一	shíèr 十二	……	sānshíyī 三十一	……	jiǔshíjiǔ 九十九

＊2個、ふたつなど、ものを数えるときには"両"を使います。（第6課参照）

2 時を表す言葉（時間詞）

(1) 時間軸・時間帯・季節

qùnián 去年（去年）	jīnnián 今年（今年）	míngnián 明年（来年）	měi nián 每年（毎年）
zuótiān 昨天（きのう）	jīntiān 今天（きょう）	míngtiān 明天（あした）	měi tiān 每天（毎日）
zǎoshang 早上（朝）	wǎnshang 晚上（夜）	xiànzài 现在（今）	
shàngwǔ 上午（午前）	zhōngwǔ 中午（正午／昼）	xiàwǔ 下午（午後）	
chūntiān 春天（春）	xiàtiān 夏天（夏）	qiūtiān 秋天（秋）	dōngtiān 冬天（冬）

(2) 西暦の表現：☐☐☐☐ 年　☞ 西暦は0から9までの数字を1つひとつ読みます。

yījiǔsìjiǔ nián 一九四九 年	èrlíngèrlíng nián 二〇二〇 年	nǎ (yì)nián 哪（一）年

(3) 日付の表現：☐ 月☐ 号　☞ "日"も使いますが、話し言葉では "号" を使うことが多いです。

yīyuè yī hào 一月 一 号	èryuè shísì hào 二月 十四 号	shíèryuè èrshíwǔ hào 十二月 二十五 号	jǐ yuè jǐ hào 几月 几 号

☞ "一" は "一月" も "一号" も変調しません。

⑷　曜日の表現：星期□

| xīngqīyī
星期一
(月曜日) | xīngqīèr
星期二
(火曜日) | xīngqīsān
星期三
(水曜日) | xīngqīsì
星期四
(木曜日) | xīngqīwǔ
星期五
(金曜日) | xīngqīliù
星期六
(土曜日) | xīngqītiān／xīngqīrì
星期天／星期日
(日曜日) | xīngqījǐ
星期几
(何曜日) |

⑸　時刻の表現：□点□分

2：00　　liǎng diǎn (zhěng)
两　点　（整）

2：02　　liǎng diǎn (líng) èr fēn
两　点　（零）二 分

2：15　　liǎng diǎn shíwǔ fēn／liǎng diǎn yíkè
两　点　十五 分／两　点　一刻

2：30　　liǎng diǎn sānshí fēn／liǎng diǎn bàn
两　点　三十 分／两　点　半

2：45　　liǎng diǎn sìshíwǔ fēn／liǎng diǎn sānkè
两　点　四十五 分／两　点　三刻

2：55　　liǎng diǎn wǔshíwǔ fēn／chà wǔ fēn sān diǎn
两　点　五十五 分／差 五 分 三 点

何 時　　jǐ diǎn
几 点

3　親族呼称

4 あいさつ言葉：あいさつ言葉を覚えてコミュニケーションのきっかけにしましょう

✎＿＿＿＿に意味を書き入れましょう。（日本語訳は p.96 参照）

(1) 出会いのあいさつ

Nǐ hǎo!
你好！＿＿＿＿＿＿＿＿＿＿＿＿＿＿＿＿

Lǎoshī hǎo!
老师好！＿＿＿＿＿＿＿＿＿＿＿＿＿

Tiánzhōng hǎo!
田中好！＿＿＿＿＿＿＿＿＿＿＿

Zǎoshang hǎo!
早上好！＿＿＿＿＿＿＿＿＿＿＿＿＿

Wǎnshang hǎo!
晚上好！＿＿＿＿＿＿＿＿＿＿＿

Chūcì jiànmiàn!
初次见面！＿＿＿＿＿＿＿＿＿＿＿＿

Rènshi nín hěn gāoxìng!
认识您很高兴！＿＿＿＿＿＿＿＿＿＿＿＿＿＿＿＿

Qǐng duō guānzhào!
请多关照！＿＿＿＿＿＿＿＿＿＿＿

Bàituō!
拜托！＿＿＿＿＿＿＿＿＿＿＿＿＿

(2) 感謝・詫び・ねぎらい

Xièxie!　Bú yòng xiè.　Bú kèqi.
谢谢！　—不用谢。／不客气。　＿＿＿＿＿＿＿＿＿＿＿＿＿＿

Duìbuqǐ!　Méi guānxi.　Méi shìr.
对不起！—没关系。／没事儿。*　＿＿＿＿＿＿＿＿＿＿＿＿＿＿

Máfan nǐ le.
麻烦你了。　＿＿＿＿＿＿＿＿＿＿＿＿＿＿＿＿

Xīnkǔ le!
辛苦了！

(3) 別れのあいさつ

Zàijiàn!
再见！＿＿＿＿＿＿＿＿＿＿＿＿

Mànzǒu!
慢走！＿＿＿＿＿＿＿＿＿＿＿＿

Wǎnān!
晚安！＿＿＿＿＿＿＿＿＿＿＿＿

＊音節の最後に [-r] がある語の発音の仕方

　このような音節を "儿化韵"（érhuàyùn）と呼び、「アル化する」と言います。ピンイン表記では音節の後に ［-r］ が、漢字表記では "儿" が加えられています。舌先をすばやく強めに反り上げて発音します。なお ［-i］［-n］［-ng］で終わる音節をアル化するときは、［-i］［-n］［-ng］を取って発音します。

🎵発音してみましょう　wánr（玩儿）　shìr（事儿）　kòngr（空儿）

早口言葉で発音トレーニング

　日本語の早口言葉にあたる "绕口令"(ràokǒulìng) は中国の伝統的な言葉遊びで、"急口令"(jí kǒulìng) "吃口令"(chī kǒulìng) などともいいます。"绕" は「巻く」の意味で、舌が絡まり頭がこんがらがることからこうした名前がついたとされます。その起源は5000年余り前の黄帝の時代にさかのぼるともされ、文字の無い時代に、すでに "晰竹，续竹，飞土"(xīzhú, xùzhú, fēitǔ) が口ずさまれていたそうです。これらを見てみると、おもしろいことにネイティブもわれわれ外国人も発音しにくい音は同じであることに気づかされます。つまり、上手に言葉を話せるかどうかは、どれだけたくさん話すかによるのでしょう。

　さて、ネイティブも舌を巻く "绕口令" で発音のトレーニングをしてみましょう。

(1) 西施 死 时 四十四。
Xīshī sǐ shí sìshísì.
西施が死んだのは四十四歳。

(2) 四 不 是 十，十 不 是 四。
Sì bú shì shí, shí bú shì sì.
四は十ではなく、十は四ではない。

四 是 四，十 是 十，十 四 是 十 四，四 十 是 四 十。
Sì shì sì, shí shì shí, shí sì shì shí sì, sì shí shì sì shí.
四は四、十は十、十四は十四、四十は四十である。

要 想 说 对 四，舌头 碰 牙齿。
Yào xiǎng shuō duì sì, shétou pèng yáchǐ.
正しく四を言うには、舌の先を歯に当てなければならない。

要 想 说 对 十，舌头 别 伸直。
Yào xiǎng shuō duì shí, shétou bié shēnzhí.
正しく十を言うには、舌の先を伸ばしてはいけない。

要 想 说 对 四 和 十，多多 练习 十 和 四。
Yào xiǎng shuō duì sì hé shí, duōduō liànxí shí hé sì.
正しく四と十を言うには、もっと十と四を練習しなければならない。

(3) 求 自在 不 自在，知 自在 自然 自在。
Qiú zìzài bú zìzài, zhī zìzài zìrán zìzài.
自在を求めても自在にはならないが、自在を知れば自ずと自在になる。

悟 如来 想 如来，非 如来 如是 如来。
Wù rúlái xiǎng rúlái, fēi rúlái rúshì rúlái.
如来を悟って如来を思えば、如来にあらずとも如来の如し。

会話・文法編

　中国語の単文の基本的な構成は、文頭に、何についての話をするかという**話題**をあげ、つづいてそれを**説明する部分**という語順で言葉をならべます。つまり、動作の行為者や受容者、状態の主体（＝主語）ばかりが文頭に来るのではないのです。たとえば、"<ruby>蛋糕<rt>ケーキ</rt></ruby> <ruby>吃了<rt>食べた</rt></ruby>。"（ケーキ［について］は食べたよ）という文では、「ケーキ」は「食べる」の目的語なのですが、あえて**話題**として文頭に置いた文ととらえることができます。英語では「I ate the cake.」と、動作の主体「I」が文頭に必要です。また中国語でも、「誰」が食べたのかを話題にする文であれば、"<ruby>我<rt>私</rt></ruby> 吃蛋糕了。"（私［について］はケーキを食べた）のように英語と同じ構成になります。こうした中国語文の特徴を念頭に、**話題**＋**説明**という構成で文をとらえ、説明部分の中核となる語を下記の4つに分けて、基本的な文の構成を学びましょう。

話　題		説　明
〈話題〉は / が	＋	・何である。　　　　　　：名詞 ・（何を）どうする。　　：動詞 ・どのようだ。　　　　　：形容詞 ・小話題がどのようだ。　：小話題＋小説明

　大学生の<ruby>中本好一<rt>なかもとこういち</rt></ruby>は、中国語を学んでいます。好一の住むさくら市が、訪日外国人の滞在をサポートするための市民サポーターを募集しました。好一はさっそく中国人訪問者のサポーターとして登録し、初来日の<ruby>李明<rt>りめい</rt></ruby>さんの滞在をサポートすることになりました。

　中国語学習を通して、好一と李明が友情を深めていく様子をたどっていきましょう。

空港で出迎え

好一が初来日した李明を空港に迎えに行きます。

学習ポイント　1. 人称代名詞　2. 連体修飾関係を作る"的"の用法
　　　　　　　3. 「〈話題〉は／が何(名詞)である」の表現　4. 名前の言い方

Zhōngběn　Nín shì Lǐ Míng xiānsheng ma?
中本：您 是 李 明 先生 吗？

Lǐ Míng　Shì, wǒ shì Lǐ Míng. Nín shì Yīnghuā Shì de ba?
李明：是，我 是 李明。您 是 樱花 市 的 吧？

Duì. Huānyíng huānyíng! Chūcì jiànmiàn! Wǒ xìng Zhōngběn, jiào Zhōngběn Hǎoyī.
中本：对。 欢迎 欢迎！初次 见面！我 姓 中本，叫 中本 好一。

Nǐ hǎo! Xièxie xièxie! Wǒ jiào Lǐ Míng.
李明：你好！ 谢谢 谢谢！ 我 叫 李 明。

Bú kèqi! Yǐhòu qǐng duō guānzhào!
中本：不客气！ 以后 请 多 关照！

Qǐng duō guānzhào!
李明：请 多 关照！

您	nín	あなたの敬称	吧	ba	①推量、確認の語気助詞
是	shì	〜である	对	duì	①そのとおりである、正しい
先生	xiānsheng	〜さん、男性に対する敬称	欢迎	huānyíng	歓迎する
吗	ma	疑問を表す語気助詞（語気助詞：文末におき、話し手の気持ちや態度を表す）	姓	xìng〜	姓を〜と言う
			叫	jiào	①〜と呼ぶ
樱花市	Yīnghuā Shì	さくら市	以后	yǐhòu	以後
的	de	①連体修飾関係を作る助詞			

単語帳

	第一人称	第二人称	第三人称	疑問詞
単数	wǒ 我	nǐ　nín 你／您	tā　tā　tā 他／她／它	shéi／shuí 谁
複数	wǒmen　zánmen 我们／咱们	nǐmen 你们	tāmen　tāmen　tāmen 他们／她们／它们	

2 連体修飾関係を作る"的"の用法

名詞、動詞（フレーズ）、形容詞などが修飾語になります。また被修飾語は場合によって省略できます。

修飾語 ＋ 的 ＋ 被修飾語（名詞）

中国語の修飾語のかかり方は常に前から後ろです。日本語と同じですね。

wǒ de shū	chī de dōng xi	gānjìng de fángjiān	wǒ de
我的书	吃的东西	干净的房间	我的

☞次の場合は通常"的"を入れないで表現します。

①人称代名詞（修飾語）と被修飾語が親族関係、所属関係の場合

wǒ bàba	tā māma	wǒ jiā	nǐmen dàxué
我爸爸	他妈妈	我家	你们大学

☞人称代名詞でない場合は通常"的"が必要です。また"的"は「他でもなく」と強調した表現としても用いられます。

Tiánzhōng de māma	wǒ de péngyou
田中的妈妈	我的朋友

②修飾語の名詞が、被修飾語の属性を表す場合

Měiguó diànyǐng	Zhōngguó liúxuéshēng	mùtou zhuōzi	Zhōngwén shū
美国电影	中国留学生	木头桌子	中文书

我们 私たち	它 それ	大学 大学
咱们 私たち	它们 それら	朋友 友達
（聞き手を含めて、親しい間柄で）	谁 誰	美国 アメリカ
你 あなた	书 本	电影 映画
你们 あなたたち	吃 食べる	中国 中国
他 彼	东西 物	留学生 留学生
他们 彼ら	干净 清潔だ	木头 木、木製
她 彼女	房间 部屋	桌子 机
她们 彼女たち	家 ①家（家族、家庭）	中文 中国語

3 「〈話題〉は／が何（名詞）である」の表現：“是”を用いる表現

```
          名詞
          xuésheng
我    是 学生。
話題  説明
```

我们是日本人。   Wǒmen shì Rìběnrén.

我是大学一年级的学生。   Wǒ shì dàxué yī niánjí de xuésheng.

他不是大学生。   Tā bú shì dàxuéshēng.

她是老师吗？／她是不是老师？   Tā shì lǎoshī ma?／Tā shì bú shì lǎoshī?

—是，她是汉语老师。   —Shì, tā shì Hànyǔ lǎoshī.

　／不是，她是留学生。   　／Bú shì, tā shì liúxuéshēng.

他是谁的父亲？   Tā shì shéi de fùqin?

—是张敏的。   —Shì Zhāng Mǐn de.

> 疑問詞疑問文は日本語の場合と同じで、必要な疑問詞を尋ねたいところに当てはめるだけ。英語のように語順を変えません。

4 名前の言い方

您贵姓？   Nín guì xìng?

你叫什么名字？   Nǐ jiào shénme míngzi?

他不姓田中，姓中田。   Tā bú xìng Tiánzhōng, xìng Zhōngtián.

✎ _____ に自分の名前を簡体字で書き、ピンイン・声調符号をつけてみましょう。

Wǒ xìng   jiào
我　姓 _____ ，叫 _____ 。

どう違う？ “汉语” と “中文”

　もともと、“汉语” は人口の大半を占める漢民族の言葉を意味し、一方、“中文” は書かれた中国語を意味します。したがって意味・用法が異なることもあります。例えば、“中文书” は中国語で書かれたすべての本を、“汉语书” は中国語のテキストなど言語関係の本を意味します。“中文小说”（中国語で書かれた小説）は言いますが、“汉语小说” は言えません。また中国で “中文” は、“中国语言文学”（中国言語文学）の略でもあります。

学生　学生   老师　先生

日本人　日本人   汉语　中国語

一年级　一年生   贵姓　相手を敬って姓を尋ねるときの言い方

不　否定の副詞   什么　疑問詞、何、どんな

大学生　大学生   名字　名前

1. 次の人称代名詞や名詞を中国語にし、さらにピンイン・声調符号を書きなさい。また複数形も書きなさい。

	中国語	ピンイン・声調符号	複数表現
私	＿＿＿＿＿＿＿	＿＿＿＿＿＿＿＿＿＿	＿＿＿＿＿＿＿＿＿
あなた	＿＿＿＿＿＿＿	＿＿＿＿＿＿＿＿＿＿	＿＿＿＿＿＿＿＿＿
彼／彼女	＿＿＿＿＿＿＿	＿＿＿＿＿＿＿＿＿＿	＿＿＿＿＿＿＿＿＿
先生	＿＿＿＿＿＿＿	＿＿＿＿＿＿＿＿＿＿	＿＿＿＿＿＿＿＿＿
学生	＿＿＿＿＿＿＿	＿＿＿＿＿＿＿＿＿＿	＿＿＿＿＿＿＿＿＿

2. 次の中国語にピンイン・声調符号をつけ日本語にしなさい。

(1) 他是中国留学生。

＿＿＿＿＿＿＿＿＿＿＿＿＿＿＿＿＿＿＿＿＿＿＿＿＿＿＿＿＿＿＿

(2) 初次见面。

＿＿＿＿＿＿＿＿＿＿＿＿＿＿＿＿＿＿＿＿＿＿＿＿＿＿＿＿＿＿＿

(3) 我姓中本。

＿＿＿＿＿＿＿＿＿＿＿＿＿＿＿＿＿＿＿＿＿＿＿＿＿＿＿＿＿＿＿

(4) 她不是学生，是老师。

＿＿＿＿＿＿＿＿＿＿＿＿＿＿＿＿＿＿＿＿＿＿＿＿＿＿＿＿＿＿＿

 **column**

　　現代は、姓と名だけを用いていますが、中国では古来、親がつけた「名」と、成人してから自分でつけた「字」（あざな）＝呼び名がありました。「名」は死後には「諱」（いみな）と呼ばれ、「名」を呼べるのは親や主君のみで、人前で他人が「名」を呼ぶことは非常に無礼とされたことから、「字」が使われました。その慣習から、フルネームを尋ねるのは親しい間柄を構築しつつあるとき、あるいは子どもに使うのが通常とされてきました。なお、子どもには "你贵姓？" は使わず、"你叫什么（名字）？"［Nǐ jiào shénme (míngzi)?］などといいます。

3. (1)(2)は音声にあわせて、(3)(4)は質問に中国語で適切に答えなさい。

(1) _____

(2) _____

(3) _____

(4) _____

4. 次の日本語を中国語にしなさい。

(1) 私の姉は大学生です。

_____

(2) 彼は田中さんではありません。（"姓"を使うこと）

_____

(3) 誰があなたの先生ですか。

_____

(4) どうぞよろしくお願いします。

_____

5. 本課で習った表現を使って簡単に自己紹介をしてみましょう。

第 2 課

宿舎に案内する

好一が李明をこれから住む部屋に案内します。

学習ポイント　1. 指示詞のバリエーション
　　　　　　　2.「〈話題〉は／が（何を）どうする（動詞）」の表現　3. 疑問詞"什么"
　　　　　　　4. "在"の用法(1) 動詞　5. 語気助詞"呢"

52

中本：
Zhè jiùshì nǐ de fángjiān. Jìn wū de shíhòu, qǐng tuō xié.
这 就是 你 的 房间。进 屋 的 时候，请 脱 鞋。

李明：
Hǎo de. À, tài piàoliang le.
好的。啊，太 漂亮 了。

中本：
Nà shì kōngtiáo de yáokòngqì.
那 是 空调 的 遥控器。

李明：
Ng. Zhè shì shénme yáokòngqì ne?
嗯。这 是 什么 遥控器 呢?

中本：
Zhè shì diàndēng de. Yùshì hé xǐshǒujiān zài nàr.
这 是 电灯 的。浴室 和 洗手间 在 那儿。

李明：
Zhīdao le. Máfan nǐ le!
知道 了。麻烦 你 了!

中本：
Méi guānxi. Nǐ xiān xiūxi yíhuìr ba.
没 关系。你 先 休息 一会儿 吧。

53

这	zhè	これ、この	遥控器	yáokòngqì リモコン
就	jiù	①ほかでもなく	嗯	ng 感嘆詞、承諾、肯定、うん、ええ
进	jìn	①入る	呢	ne ①確認の語気助詞
屋	wū	部屋	电灯	diàndēng 電燈
的时候	de shíhòu	～の時	浴室	yùshì バスルーム、風呂場
请	qǐng	①～してください	和	hé と
脱	tuō	脱ぐ	洗手间	xǐshǒujiān トイレ
鞋	xié	靴	在	zài ①ある、いる
好的	hǎo de	わかった	那儿	nàr そこ、あそこ
啊	à	感嘆詞、驚き、感心、わあ、まあ	知道了	zhīdao le わかった
太~了	tài~le	とても～だ	先	xiān まず
漂亮	piàoliang	きれいだ	休息	xiūxi 休む
那	nà	それ・その、あれ・あの	一会儿	yíhuìr （時間的に）ちょっと
空调	kōngtiáo	エアコン	吧	ba ②促しの語気助詞

単語帳

1 指示詞のバリエーション

　中国語の指示詞は、日本語が「こ、そ、あ」で表すのと異なり、"这"と"那"の2つで表現します。つまり、話し手（😊）から近い（这）か遠い（那）かの二分法になります。また単数表現にある"个"は助数詞です。指示する名詞によって助数詞は変わります。（第6課学習ポイント1参照）

	こ系	そ・あ系	ど系（疑問詞）
	这 zhè	那 nà	哪 nǎ
単　数	这（个） zhè(ge) これ・この	那（个） nà(ge) それ・その／あれ・あの	哪（个） nǎ(ge) どれ・どの
複　数	这些 zhèxiē これら	那些 nàxiē それら・あれら	哪些 nǎxiē どれら
場　所	这儿／这里 zhèr／zhèli ここ	那儿／那里 nàr／nàli そこ・あそこ	哪儿／哪里 nǎr／nǎli どこ

这是我的。　　　　　　　　　　　　Zhè shì wǒ de.

　☞ "这／那"は述語動詞"是"の主語の位置で使われます。

我的不是那个。　　　　　　　　　　Wǒ de bú shì nàge.

哪个是中本的？　　　　　　　　　　Nǎge shì Zhōngběn de?

　☞ "哪个"は述語動詞"是"の主語であっても"哪个"です。

2 「〈話題〉は／が（何を）どうする（動詞）」の表現

　目的語がある場合は、中国語では、「話題＋どうする＋なに」と言葉を並べます。

```
          動詞 ＋目的語
          xuéxí
  我     学习  汉语。
  話題      説明
```

我去大学。　　　　　　　　　　　　Wǒ qù dàxué.

他不去图书馆。　　　　　　　　　　Tā bú qù túshūguǎn.

你喝可乐吗？／你喝不喝可乐？　　　Nǐ hē kělè ma?／Nǐ hē bù hē kělè?

—喝。／不喝，我喝红茶。　　　　　—Hē.／Bù hē, wǒ hē hóngchá.

我喜欢白色。　　　　　　　　　　　Wǒ xǐhuan báisè.

　☞ "喜欢"は、「"喜欢"＋名詞／動詞フレーズ」で、「〜が好きだ／〜するのが好きだ」を表現します。

学习　①学ぶ ＝学 xué	喝　飲む	喜欢　好きだ
去　①行く	可乐　コーラ	白色　白色
图书馆　図書館	红茶　紅茶	

26

3 疑問詞"什么"：「何？」「何の／どんな〜？」

什么（＋名詞）？

那是什么？　　　　　　　　　　　　Nà shì shénme?

那是什么书？　　　　　　　　　　　Nà shì shénme shū?

4 "在"の用法（1）動詞：「ヒト／モノ／コトは　場所に　いる／ある」

ヒト／モノ／コト ＋ 在 ＋ 場所

你的手机在桌子上。　　　　　　　　Nǐ de shǒujī zài zhuōzi shang.

王老师在家里吗？／王老师在不在家里？　Wáng lǎoshī zài jiā li ma?／Wáng lǎoshī zài bú zài jiā li?

―他不在家，在图书馆。　　　　　　―Tā bú zài jiā, zài túshūguǎn.

你们大学在哪儿？　　　　　　　　　Nǐmen dàxué zài nǎr?

名詞を場所化する：「名詞＋"里／上"」（〜の中／上）

　"桌子"のように、本来場所でないものを場所として扱う場合、その名詞の後ろに方位詞"里""上"をつけて「場所化」します。たとえば、机の上"桌子上"、ポケット、財布などにモノがあることを表現するときは"口袋里"(kǒudài li)"钱包里"(qiánbāo li) と表現します。（方位詞は p.37参照）

5 語気助詞"呢"

疑問の答えを確認したい気持ちを添えます。

> 語気助詞は文末において、話し手の気持ちを添える言葉。会話に多用され、使いこなせれば、より自然な中国語になります。日本語の「〜じゃん」「〜よね」「〜さ」などと同じです。

(1)

疑問文 ＋ 呢？

这是什么呢？　　　　　　　　　　　Zhè shì shénme ne?

你来不来呢？　　　　　　　　　　　Nǐ lái bù lái ne?

(2)

名詞 ＋ 呢？
〈省略型疑問文〉

我喜欢看电视，你呢？　　　　　　　Wǒ xǐhuan kàn diànshì, nǐ ne?

―不喜欢，我喜欢看书。　　　　　　―Bù xǐhuan, wǒ xǐhuan kàn shū.

你的手机呢？ ―在书包里。　　　　　Nǐ de shǒujī ne? ―Zài shūbāo li.

　☞前後の文に関係なく用いられる場合、普通は場所を尋ねる意を表します。つまり、"你的手机呢？"は、"你的手机在哪儿？"と所在を尋ねる表現になります。

手机　携帯電話	口袋　ポケット	看　①見る　②読む
上　①上	钱包　財布	电视　テレビ
里　中	来　①来る	书包　カバン

1. 次の単語を中国語で表し、ピンイン・声調符号を書きなさい。

	中国語	ピンイン・声調符号
中国語	_____	_____
何	_____	_____
図書館	_____	_____
いる／ある	_____	_____
机	_____	_____
携帯電話	_____	_____

2. 次の中国語にピンイン・声調符号をつけ日本語にしなさい。

(1) 麻烦您了。

_____

(2) 知道了。

_____

(3) 洗手间在那儿。

_____

(4) 他不喜欢可乐。

_____

(5) 这是我的，你的呢？

_____

3. 次の日本語を中国語にしなさい。

(1) 私は図書館に行きます。

_____

(2) 靴を脱いでください。

_____

(3) これは私の本ではありません。

_____

(4) あなたの家はどこにありますか。

_____

54

4. 質問を聞いて中国語で適切に答えなさい。

(1) _____

(2) _____

(3) _____

(4) _____

5. これまでに学習した疑問詞"谁""哪儿""什么"を使って作文してみましょう。

百均に行きたい

李明から好一に近くに百均はないかと電話があります。

学習ポイント　1.「〈話題〉は／がどのようだ（形容詞）」の表現
　　　　　　　2.「〈話題〉は小話題がどのようだ」の表現　3.“有”の用法
　　　　　　　4.「動詞＋“（一）点儿”」の表現　5. 願望の助動詞“想”

李明：
Wéi,　shì Hǎoyī ma?
喂，是 好一 吗？

好一：
Shì wǒ,　Lǐ Míng! Zěnme le?
是 我，李明！怎么 了？

李明：
Wǒ xiǎng mǎi diǎnr dōngxi.　Fùjìn yǒu bǎiyuándiàn ma?
我 想 买 点儿 东西。附近 有 百元店 吗？

好一：
Yǒu,　hěn jìn. Nàli shāngpǐn yě hěn duō.
有，很 近。那里 商品 也 很 多。

李明：
Jīntiān nǐ yǒu shíjiān ma?
今天 你 有 时间 吗？

好一：
Xiàwǔ méiyǒu kè,　zánmen yìqǐ qù ba!
下午 没有 课，咱们 一起 去 吧!

単語帳

喂	wéi	もしもし
怎么了?	zěnme le	どうしたの？
想	xiǎng	願望の助動詞
买	mǎi	買う
(一)点儿	(yì)diǎnr	ちょっと、少し
附近	fùjìn	近く
有	yǒu	ある、いる
百元店	bǎiyuándiàn	百均
很	hěn	とても

近	jìn	近い
商品	shāngpǐn	商品、品物
也	yě	～も、また
多	duō	①多い
时间	shíjiān	時間
没	méi	否定を表す副詞
课	kè	授業
一起	yìqǐ	一緒に
吧	ba	③勧誘・提案の語気助詞

1 「〈話題〉は／が どのようだ(形容詞)」の表現

形容詞はそのまま述語になります。ただし形容詞だけでは比較・対照の意味が生じてしまうので、通常は形容詞の前に程度を表す副詞を入れます。程度を表す必要がない時は、程度副詞"很"を使います。

	形容詞	
<u>我家</u>	<u>很**远**</u>。	(私の家は遠い。／とても遠い。)
話題	説明	

"是" は要りません！

☞"很" には「とても」の意味があり、「とても」の意を添えたい時は、強調して発音します。なお否定文や疑問文やその答えには、「とても」を表現する必要がなければ"很"は要りません。

他很忙。　　　　　　　　　　　　Tā hěn máng.

昨天不热，今天热。　　　　　　　Zuótiān bú rè, jīntiān rè.

　　☞形容詞は現在・過去・未来いずれも同じ表現です。

学汉语难吗？／学汉语难不难？　　Xué Hànyǔ nán ma?／Xué Hànyǔ nán bù nán?

—难。／很难。／不难。／不太难。　—Nán.／Hěn nán.／Bù nán.／Bú tài nán.

天气怎么样？　　　　　　　　　　Tiānqì zěnme yàng?

2 「〈話題〉は 小話題がどのようだ」の表現

説明部分に、小さな話題とその説明がある表現で、日本語と同じように言葉を並べます。

	小話題＋小説明	
Dà xiàng	*bízi* *cháng*	
<u>大 象</u>	<u>鼻子 很 长</u>。	(ゾウは鼻が長いです。)
話題	説明	

☞話題〈"大象" ゾウは〉＋説明［小話題〈"鼻子" 鼻が〉＋小説明〈"很长" 長い〉]。

我姐姐工作很忙。　　　　　　　　Wǒ jiějie gōngzuò hěn máng.

汉语发音非常难。　　　　　　　　Hànyǔ fāyīn fēicháng nán.

3 "有"の用法

(1) 所有：「いる／ある／持っている」　所有者 ＋ **有** ＋ ヒト／モノ／コト

他有妹妹。　　　　　　　　　　　Tā yǒu mèimei.

今天上午我有事儿，没有时间。　　Jīntiān shàngwǔ wǒ yǒu shìr, méiyǒu shíjiān.

你有汽车吗？／你有没有汽车？　　Nǐ yǒu qìchē ma?／Nǐ yǒu méiyǒu qìchē?

—有。／没有。　　　　　　　　　—Yǒu.／Méiyǒu.

远	遠い	不太	あまり〜ない	大象	ゾウ	发音　発音
忙	忙しい	天气	天気	鼻子	鼻	非常　非常に
热	暑い	怎么样	疑問詞、どの	长	長い	事儿　用事 ＝事 shì
难	難しい		ような、どうか	工作	仕事	汽车　自動車

(2) 存在：「場所に　ヒト／モノ／コトが　いる／ある」

> 場所 + **有** + ヒト／モノ／コト

教室里有很多学生。	Jiàoshì li yǒu hěn duō xuésheng.
你的书包里有什么？	Nǐ de shūbāo li yǒu shénme?
这儿没有人。	Zhèr méiyǒu rén.

「場所に○○がいる／ある」を表す "在" と "有" の使い分け

A：李老师在教室里。　　　B：教室里有很多学生。

　Aの○○は "李老师"、Bの○○は "很多学生" です。"李老师" は特定の人であり、"很多学生" はどの学生を指しているかわからない不特定の人です。このように "在" と "有" との違いは、存在するモノが特定のモノであるのか、不特定のモノであるのかで使い分けられています。

---

4 「動詞＋"（一）点儿"」の表現

(1) 対話を円滑にする、やわらかい表現

你多喝点儿啊！	Nǐ duō hē diǎnr a!	↔	你多喝啊！	Nǐ duō hē a!
你做点儿什么？	Nǐ zuò diǎnr shénme?	↔	你做什么？	Nǐ zuò shénme?

> "一点儿" がないと、荒っぽくておしつけがましいニュアンスになります。

(2) 数量がわずかの意味

不吃也不行，你吃一点儿啊！	Bù chī yě bù xíng, nǐ chī yìdiǎnr a!
我们再买一点儿吧。	Wǒmen zài mǎi yìdiǎnr ba.

5 願望の助動詞 "想"：「～したい」

> **想** + 動詞 ～

我想去上海。	Wǒ xiǎng qù Shànghǎi.
我不想吃这个，很想吃那个。	Wǒ bù xiǎng chī zhège, hěn xiǎng chī nàge.

　☞否定の副詞 "不" や程度を表す副詞 "很" などは "想" の前におきます。

你想买点儿什么？	Nǐ xiǎng mǎi diǎnr shénme?

語気助詞の "吧"

　"吧" はいろいろな気持ちを添えることができる語気助詞です。これまでに学んだ３つの表現を振り返っておきましょう。①推量・確認、②軽く人に動作を促す、③勧誘・提案

①您是櫻花市的吧？（第１課）　②你先休息一会儿吧！（第２課）　③咱们一起去吧！（第３課）

教室　教室	啊　①催促、言い含める語気を	行　よろしい
多　②たくさん	表す語気助詞	再　①もっと、重ねてさらに
人　人	做　する、作る	

1. 次の単語を中国語で表し、ピンイン・声調符号を書きなさい。

	中国語	ピンイン・声調符号
飲む		
食べる		
見る・読む		
行く		
難しい		
暑い		

2. 次の中国語にピンイン・声調符号をつけ日本語にしなさい。

⑴ 你想吃点儿什么?

　　_____

⑵ 我们学习汉语。

　　_____

⑶ 天气怎么样?

　　_____

⑷ 今天很热。

　　_____

 column

　　“小李”“老王”などの、単漢字の苗字の前の“小”は、親しい間柄で同年輩、年下の人に「○さん」「○君」、“老”は、親しい間柄で年上の人や尊敬する人に敬意を表して付します。複数漢字の苗字には、男性には“先生”、女性には“小姐”や“女士”をつけますが、親しければ呼び捨てにします。

3. 次の日本語を中国語にしなさい。

(1) 私たちは勉強がとても忙しいです。　　※学习　②勉强

_____

(2) ここには人がいません。

_____

(3) 今日は時間がありません。

_____

(4) 母は家にいません。

_____

57

4. 質問を聞いて中国語で適切に答えなさい。

(1) _____

(2) _____

(3) _____

(4) _____

5. 下記から適当な単語を選んで下線に入れて会話文を完成させましょう。

A：你　Nǐ _____ 点儿 什么？ diǎnr shénme?

B：_____，你 呢？ nǐ ne?

A：_____ 。

看　kàn　見る、読む　　　　　　　词典　cídiǎn　辞書
吃　chī　食べる　　　　　　　　　咖啡　kāfēi　珈琲
喝　hē　飲む　　　　　　　　　　蛋糕　dàngāo　　ケーキ
书　shū　本　　　　　　　　　　热牛奶　rèniúnǎi　ホットミルク
电视　diànshì　テレビ　　　　　　啤酒　píjiǔ　ビール
杂志　zázhì　雑誌　　　　　　　冰糕　bīnggāo　パフェ
报纸　bàozhǐ　新聞 ＝报 bào

ウチにおいでよ！

好一の招待を受けた李明が、初めて好一の家にやってきます。

学習ポイント　1. 語気助詞"了"　2. 年齢の表現　3. 比較表現　4. 疑問詞の非疑問用法(1)

好一：
Huānyíng huānyíng! Qǐng jìn qǐng jìn.
欢迎 欢迎! 请 进 请 进。

李明：
Xièxie nǐmen de yāoqǐng!
谢谢 你们 的 邀请!

好一：
Zhè shì wǒ mèimei, tā jiào Měixiào. Jīnnián bā suì le.
这 是 我 妹妹，她 叫 美笑。今年 八 岁 了。

李明：
Tài kěài le! Wǒmen bǐ tā dà jǐ suì ne?
太 可爱 了! 我们 比 她 大 几 岁 呢?

好一：
Méi dà jǐ suì, wǒmen dōu shì niánqīngrén ba.
没 大 几 岁，我们 都 是 年轻人 吧。

李明：
Shì a! Wǒ méiyǒu xiōngdì jiěmèi, shì dúshēngzǐ, xiànmù nǐ.
是 啊! 我 没有 兄弟 姐妹，是 独生子，羡慕 你。

好一：
Yǐhòu yǒu shíjiān, nǐ cháng lái ba.
以后 有 时间，你 常 来 吧。

単語帳

邀请	yāoqǐng	招待	年轻人	niánqīngrén	若者

邀请　yāoqǐng　招待

岁　suì　歳

了　le　①変化を表す語気助詞

可爱　kěài　可愛い

比　bǐ　より

几　jǐ　数を尋ねる疑問詞、いくつ

都　dōu　①みんな、全部

年轻人　niánqīngrén　若者

啊　a　②肯定の意を表す語気助詞

兄弟姐妹　xiōngdì jiěmèi　兄弟姉妹

独生子　dúshēngzǐ　一人っ子

羡慕　xiànmù　うらやましい

常　cháng　しょっちゅう

1 語気助詞"了"

文末につけて新しい事態・状況の発生（変化）を表します。

病好了。	Bìng hǎo le.
她有孩子了。	Tā yǒu háizi le.
哎呀！下雨了。	Āiyā! Xià yǔ le.
你吃饭了吗？—我没吃。	Nǐ chīfàn le ma?　—Wǒ méi chī.

> 否定は"没（有）"を動詞の前におき、変化してないので"了"はとります。

☞"我不去了。"はどのような表現か考えてみましょう。

これは、"了"の働きによって、「私は〔（もともと）行くつもりであった／行こうと思っていたが、（事情が生じて）〕行かないことにした／する」という表現になります。

2 年齢の表現

年齢を尋ねる相手によって表現が異なります。

你多大（了）？	—十八岁（了）。	Nǐ duō dà (le)?	—Shíbā suì (le).
你几岁（了）？	—三岁（了）。	Nǐ jǐ suì (le)?	—Sān suì (le).
您多大年纪（了）？	—六十岁（了）。	Nín duō dà niánjì (le)?	—Liùshí suì (le).

3 比較表現

(1)「AはBより～だ」「AはBより（どれだけ）～だ」

> A比B + 形容詞
> A比B + 形容詞 + 差の分量・程度

我觉得英语比汉语难。	Wǒ juéde Yīngyǔ bǐ Hànyǔ nán.
他比我大两岁。	Tā bǐ wǒ dà liǎng suì.
老师比我大多了。	Lǎoshī bǐ wǒ dà duō le.
这个比那个贵一点儿。	Zhège bǐ nàge guì yìdiǎnr.
我父亲比老师更大。	Wǒ fùqin bǐ lǎoshī gèng dà.

☞比較の差が大きいことを表すために形容詞の前に"很"などの程度副詞をおくことはできません。かわりに"更""还"などの副詞を使います。

病	病気	觉得	感じる、思う
好	①よい、元気だ	英语	英語
孩子	子供	多	③比較してその差が極めて大きいことを表す。
哎呀	感嘆詞、驚き、意外、あら、おや		ずっと
下雨	雨が降る	贵	値段が高い
吃饭	食事をする	更	さらに、ずっと
多大	年齢を尋ねる表現	还	①さらに
年纪	年齢		

⑵ 「ＡはＢほど（こんなに／そんなに）〜でない」

┌─────────────────────────────┐
│ Ａ **没有** Ｂ（这么／那么）＋ 形容詞 │
└─────────────────────────────┘

这个没有那个好吃。　　　　　　　　　Zhège méiyǒu nàge hǎochī.

我没有你这么高。　　　　　　　　　　Wǒ méiyǒu nǐ zhème gāo.

┌──────────────┐
│ 比較表現の否定は │
│ "不比" ではなく、 │
│ 一般に "没有" で表 │
│ 現します。 │
└──────────────┘

⑶ 「ＡはＢと同じだ」「ＡはＢと同じように〜だ」

┌─────────────────────────────┐
│ Ａ **跟／和** Ｂ**一样** │
│ Ａ **跟／和** Ｂ**一样** ＋ 形容詞 │
└─────────────────────────────┘

这个跟那个一样。　　　　　　　　　　Zhège gēn nàge yíyàng.

这个跟那个一样重。　　　　　　　　　Zhège gēn nàge yíyàng zhòng.

4　疑問詞の非疑問用法（1）

今天下午你打算去哪儿吗？　　　　　　Jīntiān xiàwǔ nǐ dǎsuan qù nǎr ma?

我不知道他是谁。　　　　　　　　　　Wǒ bù zhīdao tā shì shéi.

你饿了吗？吃点儿什么吧。　　　　　　Nǐ è le ma? Chī diǎnr shénme ba.

方位詞

　位置・方向・場所を表す一連の語を方位詞といいます。日本語では１語で「前」「外」などと表現しますが、中国語では"里""上"以外は通常方位を表す語の後ろに"边""面"をつけます。

上 上の方	下 下の方	前 前の方	後 後の方	左 左の方	右 右の方	中 中の方	隣 傍ら	向かい
shàngbian 上边	xiàbian 下边	qiánbian 前边	hòubian 后边	zuǒbian 左边	yòubian 右边	lǐbian 里边	pángbiān 旁边	
shàngmian 上面	xiàmian 下面	qiánmian 前面	hòumian 后面	zuǒmian 左面	yòumian 右面	lǐmian 里面		duìmiàn 对面

☞ "上边儿^{shàngbianr}""里边儿^{libianr}" というようにアル化することも少なくありません。

　✎ 次の日本語を中国語にしてみましょう。（答えは p.39）

①トイレは浴室の隣にあります。　　　　　②大学の向かいに百均があります。

_____　　　　_____

┌───┐
│ 这么　こんなに　　　　　　　　　跟　〜と　　　　　　　　打算　〜するつもりだ │
│ 那么　①そんなに、あんなに　　　和　〜と　　　　　　　　知道　わかる、知る │
│ 好吃　おいしい　　　　　　　　　一样　同じだ、同じように　饿　空腹だ │
│ 高　高い　　　　　　　　　　　　重　重い │
└───┘

1. 次の単語を中国語にし、ピンイン・声調符号を書きなさい。

	中国語	ピンイン・声調符号
午後		
招待		
おいしい		
雨が降る		
うらやましい		

2. 次の日本語を中国語にしなさい。

(1) これはあれよりずっとおいしいです。

_____

(2) 中国語は英語ほど難しくありません。

_____

(3) あなたのカバンは私のよりちょっと重いです。

_____

(4) 私はあなたと同い年です。

_____

3. 次の中国語を否定文にしなさい。

(1) 她有妹妹。 _____

(2) 我吃饭了。 _____

(3) 他比我大。 ＊彼は私より年上という状況を変えずに否定文で表現してください。

_____

(4) 她叫美笑。 _____

4. 答えに合わせて、指示にしたがい疑問文を作りましょう。

(1) 答え：我妹妹三岁了。（疑問詞疑問文で）

_____

(2) 答え：我十八岁了。（疑問詞疑問文で）

_____

(3) 答え：他九十岁了。（疑問詞疑問文で）

_____

(4) 答え：我不吃早饭。（YES か NO を聞く疑問文で）　※早饭 zǎofàn　朝食

_____

5. 質問を聞いて中国語で適切に答えなさい。

(1) _____

(2) _____

(3) _____

(4) _____

🫖 **column**

　中国では1950年代には人口膨張を懸念する声が上がっていたのですが、毛沢東（1893–1976）が、人は1人増えれば口が2つになるが、手は4本になり、労働力は倍になると、人口増を奨励しました。毛沢東の没後、1980年前後から人口抑制政策が始まり、「一人っ子政策」を国策として推進しました。国際社会から批判を受けながらも続けられたこの政策は、極端な男女比率の不均衡や、少子高齢化の進行による労働人口の減少など、様々なひずみを生みだしました。そして2000年代に入り、緩和政策が出され、2016年1月についに撤廃されましたが、少子化に歯止めはかからないようです。

---

p.37の答え：①洗手间在浴室的旁边。②大学的对面有百元店。

第5課

大学で待ち合わせ

李明は好一の大学まで初めて1人で地下鉄に乗って行くことになりました。

学習ポイント　1. アスペクト助詞"过"　2. "在"の用法（2）前置詞
　　　　　　　3. 必要・義務を表す助動詞"要"と"应该"　4. 疑問詞"怎么"
　　　　　　　5. 中国の通貨と値段の表現　6. 時を表す言葉（時間詞）とその位置

61

李明：
Wǒ méi zuòguo Rìběn de dìtiě, zěnme zuò ne?
我 没 坐过 日本 的 地铁，怎么 坐 呢?

好一：
Yào xiān mǎi piào. Nǐ yīnggāi mǎi liǎngbǎi Rìyuán de.
要 先 买 票。你 应该 买 两百 日元 的。

李明：
Zhīdao le. Wǒ yào zài nǎr xiàchē?
知道 了。我 要 在 哪儿 下车?

好一：
Nǐ zài "Yīngdàqián Zhàn" xiàchē ba. Wǒ hěn dānxīn nǐ a.
你 在 "樱大前站" 下车 吧。我 很 担心 你 啊。

李明：
Nǐ bú yòng dānxīn. Yào zuò de lùxiàn, wǒ zài dìtiězhàn wèn gōngzuò rényuán.
你 不 用 担心。要 坐 的 路线，我 在 地铁站 问 工作人员。

好一：
Hǎo de. Nàme, míngtiān xiàwǔ liǎng diǎn zài dàxué ménkǒu jiàn!
好 的。那么，明天 下午 两 点 在 大学 门口 见!

62

単語帳

坐　　zuò　①乗り物に乗る、座る	下车　xiàchē　下車する
过　　guo　①動作の経験を表すアスペクト助詞	樱大前站　Yīngdàqián Zhàn　さくら大前駅
（アスペクト助詞：動詞につけて、動作がどう	担心　dānxīn　心配する
いう段階にあるかを表す）	啊　　a　③感慨、嘆息などを表す語気助詞
日本　Rìběn　日本	不用　bú yòng　〜する必要ない
地铁　dìtiě　地下鉄	路线　lùxiàn　路線
怎么　zěnme　①疑問詞、どうやって	地铁站　dìtiězhàn　地下鉄駅
要　　yào　①必要を表す助動詞	问　　wèn　質問する、尋ねる
票　　piào　切符、チケット	工作人员　gōngzuò rényuán　職員
应该　yīnggāi　義務を表す助動詞	的　　de　②肯定・断言の語気助詞
百　　bǎi　百（の位）	那么　nàme　②じゃあ
日元　Rìyuán　日本円	门口　ménkǒu　門、入口
在　　zài　②場所を示す前置詞、〜で、〜に	见　　jiàn　①会う

1 アスペクト助詞"过"：「～したことがある」

動詞につけて、その動作の経験を表します。"过"は軽声で発音します。

| 動詞 ＋ 过 |

> 否定は"没(有)"を動詞の前におき、"过"はとりません。

你来过日本吗？—我没(有)来过。　　　Nǐ láiguo Rìběn ma?　—Wǒ méi(yǒu) láiguo.

你看过韩国电影没有？　　　　　　　Nǐ kànguo Hánguó diànyǐng méiyǒu?

—看过。／没看过。／没有。　　　　　—Kànguo.／Méi kànguo.／Méiyǒu.

2 "在"の用法(2) 前置詞：「…で／に ～する」

| 在 ＋ 場所 ＋ 動詞～ |

> 否定の副詞は前置詞の前におきます。

我在食堂吃午饭。　　　　　　　　　Wǒ zài shítáng chī wǔfàn.

老师在研究室等你。　　　　　　　　Lǎoshī zài yánjiūshì děng nǐ.

哥哥不在家学习，在图书馆学习。　　Gēge bú zài jiā xuéxí, zài túshūguǎn xuéxí.

3 必要・義務を表す助動詞"要"と"应该"

(1) "要"：積極的に「～したい」「～するつもりだ」「～しなければならない」

我一定要去长城。　　　　　　　　　Wǒ yídìng yào qù Chángchéng.

你要吃点儿什么吗？ —我不饿，不想吃。　Nǐ yào chī diǎnr shénme ma?　—Wǒ bú è, bù xiǎng chī.

　☞願望の否定「～したくない」は"不想"です。"想"については第3課学習ポイント5参照。

明天休息，我要打扫房间。　　　　　Míngtiān xiūxi, wǒ yào dǎsǎo fángjiān.

吃饭之前要洗手。　　　　　　　　　Chīfàn zhī qián yào xǐ shǒu.

吃饭之前不要吃点心。　　　　　　　Chīfàn zhī qián bú yào chī diǎnxin.

　☞"不要"は「～してはいけない」という禁止の意味になります。

我来做，你不用做。　　　　　　　　Wǒ lái zuò, nǐ bú yòng zuò.

　☞必要性の否定「～する必要ない」は"不用"です。

(2) "应该"：道理として「～すべきだ」

自己的事应该自己做。　　　　　　　Zìjǐ de shì yīnggāi zìjǐ zuò.

你不应该说这些。　　　　　　　　　Nǐ bù yīnggāi shuō zhèxiē.

　☞否定は"不"をつけ「(当然) ～すべきではない」の意味になります。

韩国　韓国	一定　必ず、きっと	手　手	自己　自分
食堂　食堂	长城　万里の長城	点心　菓子	说　話す
午饭　昼ごはん	打扫　掃除する	来　②動詞の前におき、	
研究室　研究室	之前　～の前に	動作主の積極性を表	
等　待つ	洗　洗う	す	

4 疑問詞 "怎么"

(1) 手段・方法

这个怎么吃呢？　　　　　　　　　Zhège zěnme chī ne?

到你家要怎么走？　　　　　　　　Dào nǐ jiā yào zěnme zǒu?

文末に "呢" を伴うことが少なくありません。

(2) 原因・理由

你怎么不去呢？　　　　　　　　　Nǐ zěnme bú qù ne?

她怎么不吃蛋糕呢？　　　　　　　Tā zěnme bù chī dàngāo ne?

5 中国の通貨と値段の表現

一元／一块 ＝ 十角／十毛 ＝ 一百分
yì yuán　yí kuài　shí jiǎo　shí máo　yì bǎi fēn

☞話し言葉では、通常 "块" "毛" を使います。

这个多少钱？　　　　　　　　　　Zhège duōshao qián?

这个怎么卖？　　　　　　　　　　Zhège zěnme mài?

这个多少钱一公斤？　　　　　　　Zhège duōshao qián yì gōngjīn?

—两块三毛钱。／两块三。　　　　—Liǎng kuài sān máo qián./Liǎng kuài sān.

6 時を表す言葉（時間詞）とその位置：「〈話題〉は／がいつにどうする」

☞時間詞は p.15〜16を参照。

「誰がいつにどうする」という日本語の語順と同じです。

話題／時間詞 ＋ 動詞〜

☞話題と時間詞はどちらが先でも構いません。

我每天晚上十一点睡觉，
　早上六点起床。

Wǒ měitiān wǎnshang shíyī diǎn shuìjiào,
　　zǎoshang liù diǎn qǐchuáng.

你明天早上几点出门？　　　　　　Nǐ míngtiān zǎoshang jǐ diǎn chūmén?

什么时候你去韩国？　　　　　　　Shénme shíhou nǐ qù Hánguó?

到　①いたる、行く	分　①（中国の通貨単位）分	睡觉　寝る ＝睡
怎么　②疑問詞、なぜ	多少钱　いくら	起床　起きる
走　①行く	卖　売る	出门　出かける
元　（中国の通貨単位）元 ＝块	公斤　重さの単位、kg	什么时候　いつ
角　（中国の通貨単位）角 ＝毛	钱　金銭、円	

1. 次の単語を中国語にし、ピンイン・声調符号を書きなさい。

	中国語	ピンイン・声調符号
午前	_____	_____
朝	_____	_____
いつ	_____	_____
土曜日	_____	_____
2時	_____	_____
地下鉄に乗る	_____	

2. 次の日本語を中国語にしなさい。

⑴ 彼は百均に行ったことがありません。

_____

⑵ あなたはいつ中国に来ますか。

_____

⑶ 私は毎晩 11 時に寝ます。

_____

⑷ 私は明日 5 時半に起きないといけません。

_____

⑸ 私の大学は 9 時に授業が始まります。　　※上课 shàngkè　授業が始まる、授業がある、授業をする

_____

3. (　　) に適当な中国語を①〜④から選びなさい。さらに日本語に訳しなさい。

(1) 你今年多大（　　）?　　　①吗　②呢　③了　④啊

(2) 你每天（　　）起床?　　　①几天　②七点　③几点　④多少

(3) 我还没吃（　　）小笼包。　①过　②多　③了　④在
※小笼包 xiǎolóngbāo　小籠包

(4) 要是你不想吃，就（　　）吃。　①不想　②不用　③不是　④没有
※要是〜, 就 …yàoshi, jiù …もし〜なら…

4. 質問を聞いて中国語で適切に答えなさい。

(1) _____

(2) _____

(3) _____

(4) _____

(5) _____

column

　訪日中国人は、日本人が財布から現金を出すのを見て驚くそうです。中国では、「スマホ決済」が普及し、現金を使わずに暮らしが成り立ちます。病院などの予約、診療、支払いなど、すべてスマートフォンで行えるようになり、待ち時間が解消され多くの人が診療を受けられるようになりました。さらに昨今は顔認証のみで決済が可能となり、スマートフォンさえ不要となりつつあります。こうしたキャッシュレス社会が急速に成立し、進化をし続ける背景には、偽札対策や管理社会の形成など政治的な要因もあるとされますが、利便性や経済性の追求を重視する中国の人々の貪欲さが最大の牽引力と言えるかもしれません。

第6課

今日はおごるよ！

好一が李明の誕生日のお祝いに中華料理をご馳走します。

学習ポイント　1. 数とヒト・モノ・コトの数え方　2. アスペクト助詞"了"
　　　　　　　3. 兼語文　4. 選択疑問文

李明: Nǐ jīntiān zěnme le?
你 今天 怎么 了?

好一: Zhù nǐ shēngri kuàilè! Jīntiān wǒ qǐng nǐ chīfàn ba!
祝 你 生日 快乐! 今天 我 请 你 吃饭 吧!

李明: Āiya! Jīntiān shì jiǔ yuè sānshí hào ma?
哎呀! 今天 是 九 月 三十 号 吗?

Wǒ dōu èrshísān suì le!
我 都 二十三 岁 了!

Zuìjìn hěn máng, wǒ wàng le zìjǐ de shēngri.
最近 很 忙, 我 忘 了 自己 的 生日。

好一: Nǐ suíbiàn diǎn cài ba. Bú yào kèqi de.
你 随便 点 菜 吧。 不 要 客气 的。

李明: Zhēn de ma? Nàme, wǒmen yào liǎng fèn jiǎozi,
真 的 吗? 那么, 我们 要 两 份 饺子、

yí ge mápódòufu hé yì wǎn suānlàtāng ba.
一 个 麻婆豆腐 和 一 碗 酸辣汤 吧。

好一: Hǎo de. Nǐ xiǎng hē píjiǔ háishi xiǎng hē kělè?
好 的。 你 想 喝 啤酒 还是 想 喝 可乐?

李明: Báitiān wǒ hē píjiǔ méiyǒu wèntí ma?
白天 我 喝 啤酒 没有 问题 吗?

好一: Méi shìr! Zài yào yì píng píjiǔ hé yì píng kělè. Xiān gān yì bēi ba.
没 事儿! 再 要 一 瓶 啤酒 和 一 瓶 可乐。 先 干 一 杯 吧。

単語帳

祝你生日快乐！　Zhù nǐ shēngri kuài lè!
　誕生日おめでとう！

请　qǐng　②招く、もてなす
都　dōu　②すでに
最近　zuìjìn　最近
忘　wàng　忘れる
了　le　②動作の完了を表すアスペクト助詞
随便　suíbiàn　自由に、勝手に
点菜　diǎn cài　注文する
真　zhēn　本当に
要　yào　②欲しい、要る
份　fèn　分量を数える助数詞、〜人前

饺子　jiǎozi　餃子
麻婆豆腐　mápódòufu　マーボー豆腐
碗　wǎn　碗に入っているものを数える助数詞
酸辣汤　suānlàtāng　酸辣湯
还是　háishi　それとも
白天　báitiān　昼間
没(有)问题　méi (yǒu) wèntí　問題ない、大丈夫だ
瓶　píng　瓶に入っているものを数える助数詞
干　gān　(飲み)干す
杯　bēi　コップに入っているものを数える助数詞
　(干一杯 gān yì bēi　乾杯する＝干杯 gānbēi)

1 数とヒト・モノ・コトの数え方

(1) 数詞②：3桁以上の数 （1〜99までは、p.15「1. 数詞①」参照）

liǎng/èrbǎi
两／二百 （200）

liǎng/èrbǎi líng èr
两／二百零二 （202）

liǎng/èrbǎi yī(shí)
两／二百一（十）（210）

liǎngqiān líng yī
两千零一 （2001）

sānqiān líng yìshí
三千零一十 （3010）

sìqiān yī(bǎi)
四千一（百）（4100）

liǎngwàn
两万 （20000）

liǎngyì
两亿 （2億）

(2) ヒト・モノ・コトの数え方

数える対象によって決まった**助数詞**を使います。

数詞 ＋ **助数詞** ＋ ヒト／モノ／コト

> 修飾語のかかり方は、常に前から後ろ。「1冊の本」「本1冊」はどちらも "一本书" です！

yí ge rén
一个人

yí ge píngguǒ
一个苹果

liǎng běn zázhì
两本杂志

sān zhāng piào
三张票

sì bēi hóngchá
四杯红茶

wǔ jiàn yīfu
五件衣服

liù liàng qìchē
六辆汽车

qī tái diànnǎo
七台电脑

(3) 数を尋ねる "几" と "多少"

① "几"：10より小さいと思われる数を尋ねるとき。**助数詞**が必要。

几 ＋ **助数詞** ＋ ヒト／モノ／コト

> 子どもに年齢を聞くときは "你几岁了？" ですね！（第4課学習ポイント2参照）

你有几个电子词典？

—有两个。

Nǐ yǒu jǐ ge diànzǐ cídiǎn?

—Yǒu liǎng ge.

② "多少"：数に制限はなく、**助数詞**も省略して表現できる。

多少（＋**助数詞**）＋ ヒト／モノ／コト

你们大学有多少学生？

—有三千个。

Nǐmen dàxué yǒu duōshao xuésheng?

—Yǒu sānqiān ge.

零（0） ゼロ	本　本類を数える助数詞	台　機械を数える助数詞
千　千（の位）	张　平らな面を持つものを数える助数詞	电脑　パソコン
万　万（の位）	る助数詞	电子词典　電子辞書
亿　億（の位）	件　服や事柄を数える助数詞	多少　いくつ、どのくらい
个　人や物を数える助数詞	衣服　服	
苹果　りんご	辆　車両を数える助数詞	

2 アスペクト助詞"了"

動詞につけてその動作が完了・実現したことを表します。

> 動詞 ＋ 了

他已经来了。　　　　　　　　　　　　Tā yǐjīng lái le.

目的語がある場合は、具体的に何を完了したかを表現する必要があります。

> 動詞 ＋ 了 ＋ 修飾成分 ＋ 目的語　　　動詞 ＋ 目的語 ＋ 了

☞目的語に数量などの修飾成分があるか、目的語が固有名詞であるなど、はだかの目的語の場合は語気助詞
　"了"（第４課学習ポイント１参照）を文末におきます。

我中午吃了两个汉堡包。　　　　　　　Wǒ zhōngwǔ chīle liǎng ge hànbǎobāo.

你看了今天的新闻吗？　　　　　　　　Nǐ kànle jīntiān de xīnwén ma?

　／你看了今天的新闻没有？　　　　　／Nǐ kànle jīntiān de xīnwén méiyǒu?

―我已经看了。／我还没看。　　　　　―Wǒ yǐjīng kàn le.／Wǒ hái méi kàn.

　　☞否定文は動詞の前に"没（有）"を用い、動詞の後ろの"了"はつけません。

下了课，咱们一起回家吧。　　　　　　Xiàle kè, zánmen yìqǐ huí jiā ba.

　　☞"课"には修飾成分がありませんが"咱们一起回家吧。"と後文が続き、動作が実現した後の目的が
　　　明示されています。また、このように時制とは関係なく、未来のことも表現できます。

3 兼語文

１つの語が２つの役割を兼ねている語構成を持つ文をいいます。

今天我 请 你 吃 饭吧。　☞"你"が"请"の目的語であり"吃"の動作主でもあり、役割を兼ねます。

我们公司派他去上海了。　　　　　　　Wǒmen gōngsī pài tā qù Shànghǎi le.

母亲劝父亲少喝酒。　　　　　　　　　Mǔqīn quàn fùqin shǎo hē jiǔ.

4 選択疑問文：「AかそれともBか」

AかBどちらかを選択させる疑問文です。この場合"还是"は接続詞です。

> A 还是 B ?

選択疑問文は"吗"を
用いない疑問文なの
で、作文のときに「？」
を忘れないように！

今天我去还是你去？　　　　　　　　　Jīntiān wǒ qù háishi nǐ qù?

你想喝咖啡还是(想喝)红茶？　　　　　Nǐ xiǎng hē kāfēi háishi (xiǎng hē) hóngchá?

你弟弟是高中生还是大学生？　　　　　Nǐ dìdi shì gāozhōngshēng háishi dàxuéshēng?

　　☞同じ漢字の連続を嫌い、"还是是大学生？"とはせず"是"を省きます。

已经　すでに	下课　授業が終わる	劝　勧める、忠告する
汉堡包　ハンバーガー	回　①帰る、戻る	少　控えめに、少なめに
新闻　ニュース	公司　会社	酒　酒
还　②まだ	派　派遣する	高中生　高校生

1. 次の 単語を中国語にし、ピンイン・声調符号を書きなさい。

	中国語	ピンイン・声調符号
飲む		
見る		
誕生日		
最近		
忙しい		
問題ない		

2. 次の日本語を中国語にしなさい。

(1) 誕生日おめでとう。

_____

(2) 昨夜私は本を3冊読みました。

_____

(3) 今朝私はコーヒーを2杯飲みました。

_____

(4) あなたの家は何人家族ですか。　※口 kǒu　家族の人数を数える助数詞

_____

(5) あなたはパンを食べますか、ごはん(米)を食べますか。
　　※面包 miànbāo　パン／米饭 mǐfàn　ごはん、ライス

_____

(6) 金曜日にあなたは何コマ授業にでますか。　※节 jié　授業を数える助数詞。コマ

_____

離合詞

　2音節語の動詞の中で、「動詞＋目的語」の語構成からなる動詞のことで、1語で機能したり、2語として機能したりし、2語が離れたりくっついたりするのでこう呼ばれます。たとえば、「今日は授業に3コマ出る。」は、授業に出る "上课" が離合詞なので "今天上三节课。" と表現します。"出门" "睡觉" "起床" などもこの類の動詞です。

3. 次の中国語を正しい語順に並べ替えなさい。さらに日本語に訳しなさい。

(1) 吃饭　你　请　我　明天　想

_____

(2) 三刻　每天　上课　八点

_____

(3) 去　还是　去　今天　我　你

_____

(4) 有　房间里　学生　多少

_____

66 4. 質問を聞いて中国語で適切に答えなさい。

(1)
_____

(2)
_____

(3)
_____

(4)
_____

「この～／その・あの～／どの～」の表現

指示詞を使って次のように表現します。数詞 "一" は省略できます。

这／那／哪＋(数詞)＋助数詞＋名詞

✎ 次の日本語を中国語にしてみましょう。(答えは p.53)

この人（　　　　　　　　）　　どの服（　　　　　　　　　　）

あの本（　　　　　　　）　　これら2枚のチケット（　　　　　　　　　　）

第7課 中国から彼女がやってくる

日本文学を研究している彼女の来日を、李明は心待ちにしています。

学習ポイント　1. "在"の用法（3）副詞〈進行表現〉　2. 近接未来の表現　3. 連動文
　　　　　　　4. 可能の助動詞"会""能""可以"　5. 前置詞"给"

李明: Wǒ péngyou kuàiyào lái Rìběn wánr le.
我 朋友 快要 来 日本 玩儿 了。

好一: Tài hǎo le! Nǐ dǎsuan dài tā qù nǎr?
太 好 了! 你 打算 带 她 去 哪儿?

李明: Wǒ yào dài tā qù Fùshì Shān. Fùshì Shān shì Rìběn de xiàngzhēng.
我 要 带 她 去 富士 山。 富士 山 是 日本 的 象征。

好一: Tā yě huì shuō Rìyǔ ma?
她 也 会 说 日语 吗?

李明: Tā néng kàn Rìwén zázhì Tā zhèng zài dàxué yánjiū Rìběn wénxué ne.
她 能 看 日文 杂志。 她 正 在 大学 研究 日本 文学 呢。

好一: Gěi wǒ jièshào yíxià ba! Wǒ bàba kěyǐ kāichē qù jīchǎng jiē tā.
给 我 介绍 一下 吧! 我 爸爸 可以 开车 去 机场 接 她。

李明: Nà jiù fāngbiàn le. Tā yídìng huì gāoxìng de.
那 就 方便 了。 她 一定 会 高兴 的。

単語帳

快要～了	kuàiyào～le　もうすぐ～	呢	ne　②動作の進行を表す語気助詞
玩儿	wánr　遊ぶ	给	gěi　①動作の受け手を示す前置詞、～に
带	dài　連れる、案内する	介绍	jièshào　紹介する
富士山	Fùshì Shān　富士山	一下	yíxià　ちょっと、動作が時間的に少ない
象征	xiàngzhēng　象徴		ことを表す
会	huì　可能の助動詞	可以	kěyǐ　可能の助動詞
日语	Rìyǔ　日本語	开车	kāichē　車を運転する
能	néng　可能の助動詞	机场	jīchǎng　飛行場
日文	Rìwén　日本語	接	jiē　迎える
正	zhèng　進行表現の副詞	那就	nà jiù　それなら
在	zài　③進行表現の副詞	方便	fāngbiàn　便利だ
研究	yánjiū　研究する	高兴	gāoxìng　喜ぶ、うれしい
日本文学	Rìběn wénxué　日本文学		

1 "在"の用法（3）副詞〈進行表現〉

「何をしているのか」という動作の描写に主眼があります。

> 正／在／正在 ＋ 動詞～／呢

右上の囲み: "正""在""呢"の何れか、あるいはあわせて用いることで、動作の進行を表現します。

我正在学习呢。　　　　　　　　　　Wǒ zhèng zài xuéxí ne.

你在看电视吗？　　　　　　　　　　Nǐ zài kàn diànshì ma?

―在看。／没(有)在看电视，在上网呢。　―Zài kàn.／Méi(yǒu) zài kàn diànshì, zài shàngwǎng ne.

　☞Yes か No を聞く疑問文は"吗"のタイプのみ。それに否定で答える場合は、"没(有)"を"在"の前におき「（その動作を）しているのではなく、別の動作をしている」という表現になります。

我在大学学习汉语呢。　　　　　　　Wǒ zài dàxué xuéxí Hànyǔ ne.

　☞同じ漢字の連続を嫌い、通常は前置詞"在"と進行表現の"在"を一緒に用いません。

昨晚十二点，他还在看电视呢。　　　Zuówǎn shíèr diǎn, tā hái zài kàn diànshì ne.

　☞その時点における動作を表現するので、現在、過去、未来といった時制は関係ありません。

2 近接未来の表現：「もうすぐ～する／～だ」

> 快(要)／就要 ＋ 動詞～了
> 快 ＋ 名詞／形容詞～了

快要毕业了。　　　　　　　　　　　Kuàiyào bìyè le.

马上就要起飞了。　　　　　　　　　Mǎshàng jiùyào qǐfēi le.

　☞"就要～了"は"马上"などの副詞や具体的な時間などと一緒に用いることができます。

快十二点了。　　　　　　　　　　　Kuài shíèr diǎn le.

　☞"快～了"は、～に時間、季節などの名詞または形容詞を入れることができます。

3 連動文

１つの動作主に複数の動詞（および目的語）が連なっている文を言います。

> 動作主 ＋ 動詞①（＋目的語①）＋ 動詞②（＋目的語②）……

　　　　☞動詞は動作が起こる順に並べます。

我想去图书馆看中文报纸。　　Wǒ xiǎng qù túshūguǎn kàn Zhōngwén bàozhǐ.

他坐地铁来学校。　　　　　　Tā zuò dìtiě lái xuéxiào.

下午你去买东西吗？　　　　　Xiàwǔ nǐ qù mǎi dōngxi ma?

―我不去买东西。　　　　　　―Wǒ bú qù mǎi dōngxi.

囲み: 否定を表す語や助動詞は動詞①の前におきます。疑問文は反復疑問文にはせず、"吗"疑問文で表現します。

上网　インターネットをする　　　　快～了　もうすぐ～　　　　　起飞　離陸する
昨晚　昨晩＝昨天晚上　　　　　　　毕业　卒業する　　　　　　　学校　学校
就要～了　もうすぐ～　　　　　　　马上　すぐに

4 可能の助動詞"会""能""可以"

(1)"会"：①学習、訓練などにより身につけた技能によりできる。
　　　　②可能性を表す：「～はずだ／だろう」

他会打网球，不会踢足球。　　　　　　　Tā huì dǎ wǎngqiú, bú huì tī zúqiú.

那时我还不会开车。　　　　　　　　　Nàshí wǒ hái bú huì kāichē.

　　☞ごく一部の助動詞を除き、時制に関わりなく"不"で否定します。

你会写日文吗？／你会不会写日文？　　Nǐ huì xiě Rìwén ma?／Nǐ huì bú huì xiě Rìwén?

—会。／不会。　　　　　　　　　　—Huì.／Bú huì.

　　☞質問に対して動詞を伴わずに助動詞だけで応答できます。

她很会做菜。　　　　　　　　　　　Tā hěn huì zuò cài.

　　☞"会"の前に"很"をおき、長けている、得意であることを表します。

今天下午他一定会来的。　　　　　　Jīntiān xiàwǔ tā yídìng huì lái de.

　　☞肯定・断言の語気助詞"的"と呼応して確信の意を強調します。

(2)"能"：①"会"を前提として、それが具体的にどの程度できる。
　　　　②条件が備わっていてできる。

我会游泳，能游两千米。　　　　　　Wǒ huì yóuyǒng, néng yóu liǎngqiān mǐ.

我今天很忙，不能打电话。　　　　　Wǒ Jīntiān hěn máng, bù néng dǎ diànhuà.

(3)"可以"：①～することが許される、だからできる。
　　　　　②条件が備わっていてできる。

这儿可以抽烟吗？　　　　　　　　　Zhèr kěyǐ chōu yān ma?

　／这儿可(以)不可以抽烟？　　　　　／Zhèr kě(yǐ) bù kěyǐ chōu yān?

—可以。／不行。你不能在这儿抽烟。　—Kěyǐ.／Bù xíng. Nǐ bù néng zài zhèr chōu yān.

　　☞"不可以"は不許可のときだけで、条件的にできない場合は"不能"のみです。したがって、"可以"
　　　の否定は"不能"と覚えておくと間違いません。

今天我没有事，可以参加，你呢？　　Jīntiān wǒ méiyǒu shì, kěyǐ cānjiā, nǐ ne?

—我不能参加。　　　　　　　　　　—Wǒ bù néng cānjiā.

5 前置詞"给"：「ヒトに～する／～する機会を与える／～してあげる／～してくれる」

$\boxed{给 + ヒト + 動詞～}$

晚上我给你打电话。　　　　　　　　Wǎnshang wǒ gěi nǐ dǎ diànhuà.

妈妈不给我买手机。　　　　　　　　Māma bù gěi wǒ mǎi shǒujī

　　☞否定の副詞"不"や"没"は、前置詞の前におきます。

打　（球技を）する	足球　サッカー	做菜　料理をする、作る	打电话　電話をする
网球　テニス	那时　その／あの時	游泳　泳ぐ＝游	抽烟　煙草を吸う
踢　蹴る	写　書く	米　メートル	参加　参加する

1. 次の単語を中国語にし、ピンイン・声調符号を書きなさい。

	中国語	ピンイン・声調符号
友達		
うれしい		
必ず		
紹介する		
雑誌を読む		
車を運転する		

2. 次の日本語を中国語にしなさい。

(1) 私は明日彼を大学に連れて来るつもりです。

_____

(2) 彼女は英語ができるし、中国語もできます。

_____

(3) 昨日私は彼に電話しませんでした。

_____

(4) 母が私に電子辞書を買ってくれました。

_____

(5) もうすぐ授業が始まります。

_____

p.49の答え　この人：这个人／あの本：那本书／どの服：哪件衣服／これら２枚のチケット：这两张票

3. 次の中国語を正しい語順に並べ替えなさい。さらに日本語に訳しなさい。

(1) 喝　可以　不　这儿　饮料　　※饮料 yǐnliào　飲み物

_____

(2) 不　不　来　她　的　明天　会

_____

(3) 留学　去　明年　美国　打算　我　　※留学 liúxué　留学する

_____

(4) 暑假　快　了　放　　※暑假 shǔjià　夏休み／放 fàng　①(暑假)(夏休みに)になる

_____

4. 質問を聞いて中国語で適切に答えなさい。

(1) _____

(2) _____

(3) _____

(4) _____

🫖　column

　中国の学歴社会の激烈さは、韓国とともに有名です。大学入試制度 "高考" は毎年6月に2日間に
わたって行われ、全国の1000万人近くの受験生本人だけでなく、わが子の合格を祈願して親もしの
ぎを削ります。国から多大な補助を受ける国家重点大学への入学は "高考" で決まり、大学が人生を
決めるという伝統的な考え方があり、"高考" が現代の科挙と言われる所以です。ただ、昨今、富裕
層の間で、海外の大学に留学させて、語学力だけでなく、国際感覚や自由な発想を身につけさせよう
との動きも広がりを見せています。

第8課

学習歴はどのくらい？

李明は授業にゲストティーチャーとして招かれます。

学習ポイント　1. 目的語を２つとる動詞　2."是〜的"構文
　　　　　　　3. 時間量と動作量を表す語句とその位置

70

李明　：Dàjiā hǎo! Jiào wǒ Lǐ Míng ba, bú yòng jiào lǎoshī.
大家 好! 叫 我 李 明 吧, 不 用 叫 老师。

学生A：Nǐ hǎo! Nǐ shì cóng nǎr lái de?
你 好! 你 是 从 哪儿 来 的?

李明　：Cóng Xī'ān lái de. Yǒu méiyǒu láiguo Xī'ān de tóngxué?
从 西安 来 的。有 没有 来过 西安 的 同学？

学生B：Zài gāozhōng de xiūxué lǚxíng shí qùguo yí cì Shànghǎi, méi qùguo Xī'ān.
在 高中 的 修学旅行 时 去过 一 次 上海, 没 去过 西安。

学生C：Lǐ Míng, nǐ xuéle jǐ nián Rìyǔ?
李 明, 你 学了 几 年 日语?

李明　：Xuéle liǎng nián. Nǐmen xuéle duōcháng shíjiān Hànyǔ le?
学了 两 年。你们 学了 多长 时间 汉语 了?

学生D：Yǐjing xuéle bànnián le.
已经 学了 半年 了。

李明　：Jīnhòu yǒu shénme wèntí, wèn wǒ ba.
今后 有 什么 问题, 问 我 吧。

71

単語帳

大家	dàjiā	みんな	时	shí	〜の時

大家　dàjiā　みんな
从　cóng　起点(時間・空間)を示す前置詞、
　〜から
西安　Xī'ān　西安
同学　tóngxué　学生に対する呼称、クラスメート、同級生
高中　gāozhōng　高校
修学旅行　xiūxué lǚxíng　修学旅行

时　shí　〜の時
次　cì　動作の回数を数える助数詞
年　nián　②〜年間
多长时间　duōcháng shíjiān　どのくらい(期間を尋ねる)
半年　bànnián　半年間
今后　jīnhòu　今後
问题　wèntí　質問

1 目的語を２つとる動詞：「ヒトにヒト／モノ／コトを〜する」

目的語を２つとる動詞は、多くがヒトに（目的語①）、何かを（目的語②）与えるという意味を有します。

> 動詞 ＋ 目的語①（ヒト） ＋ 目的語②（ヒト／モノ／コト）

叫我李明吧。　　　　　　　　　　　　Jiào wǒ Lǐ Míng ba.

父亲给儿子零花钱。　　　　　　　　　Fùqin gěi érzi línghuāqián.

☞ "给" の２つの働きを整理しておきましょう。

　　(1)前置詞：晚上我给你打电话。　　　　Wǎnshàng wǒ gěi nǐ dǎ diànhuà.

　　　　　　　妈妈不给我买衣服。　　　　Māma bù gěi wǒ mǎi yīfu.

　　(2)動　詞：我给你一本中文书。　　　　Wǒ gěi nǐ yì běn Zhōngwén shū.

　　　　　　　我朋友没给我生日礼物。　　Wǒ péngyou méi gěi wǒ shēngri lǐwù.

我母亲教大学生汉语。　　　　　　　　Wǒ mǔqīn jiāo dàxuéshēng Hànyǔ.

送我一个戒指吧！　　　　　　　　　　Sòng wǒ yí ge jièzhi ba!

他不告诉我他的手机号。　　　　　　　Tā bú gàosu wǒ tā de shǒujī hào.

2 "是〜的"構文

すでに起こった動作について「いつ、どこ、誰、どのように、何」などを強調して表現します。"是" は省略できます。

这篇论文是谁写的？　　　　　　　　　Zhè piān lùnwén shì shéi xiě de?

—我哥哥写的。　　　　　　　　　　　—Wǒ gēge xiě de.

你从什么时候开始学习汉语的？　　　　Nǐ cóng shénme shíhou kāishǐ xuéxí Hànyǔ de?

—从今年四月开始的。　　　　　　　　—Cóng jīnnián sìyuè kāishǐ de.

你哥哥怎么认识她的？　　　　　　　　Nǐ gēge zěnme rènshi tā de?

他是到哪儿去留学的？　　　　　　　　Tā shì dào nǎr qù liúxué de?

—到美国去留学的。　　　　　　　　　—Dào Měiguó qù liúxué de.

你是骑自行车来的吗？　　　　　　　　Nǐ shì qí zìxíngchē lái de ma?

　／你是不是骑自行车来的？　　　　　　／Nǐ shì bú shì qí zìxíngchē lái de?

—是骑自行车来的。　　　　　　　　　—Shì qí zìxíngchē lái de.

　／不是，我是坐地铁来的。　　　　　　／Bú shì, wǒ shì zuò dìtiě lái de.

给　②あげる、くれる　　　戒指　指輪　　　　　　　认识　知り合う、認識する
儿子　息子　　　　　　　　告诉　告げる、知らせる　到　②到達点（時間、空間）を示
零花钱　お小遣い　　　　　手机号　携帯電話番号　　　す前置詞。〜へ、〜まで
礼物　プレゼント　　　　　篇　論文、詩文を数える助数詞　骑　またがって乗る
教　教える　　　　　　　　论文　論文　　　　　　　自行车　自転車
送　贈る、送り届ける　　　开始　始める、始まる

3 時間量と動作量を表す語句とその位置：「どれだけ[時間量/動作量](何を)どうする」

(1) 時間量

単 位	年 (年間)	个月 (月間)	天 (日間)	个星期 (週間)	个小时 (時間)	分钟 (分間)	期間の 尋ね方
表現例	两年	两个月	两天	两个星期	两个小时	两分钟	多长时间

☞"个"が必要であったり、そうでなかったりします。

> **動詞 ＋ 時間量 [数詞(个)＋単位] (＋目的語)**

昨天我看了一个小时电视。　　　　　　　Zuótiān wǒ kànle yí ge xiǎoshí diànshì.

从这儿到你家要多长时间？　　　　　　　Cóng zhèr dào nǐjiā yào duōcháng shíjiān?

我们已经学了半年汉语了。　　　　　　　Wǒmen yǐjing xuéle bànnián Hànyǔ le.

　　☞動詞＋"了"＋数量＋"了"で、現在までにその数量に達したことを表し、継続も示唆されます。

她等了你三年了。　　　　　　　　　　　Tā děngle nǐ sān nián le.

　　☞目的語が人称代名詞の場合は、時間量の前におきます。

(2) 動作量

単 位 (動量詞)	次／回 (行為の回数)	遍 (始から終まで通しての行為の回数)	趟 (往復の行為の回数)
表現例	两次／两回	两遍	两趟

> **動詞 ＋ 動作量 [数詞＋単位] (＋目的語)**

我听过一次这个音乐。　　　　　　　　　Wǒ tīngguo yí cì zhège yīnyuè.

我每天念两遍课文。　　　　　　　　　　Wǒ měitiān niàn liǎng biàn kèwén.

他来过这儿一回。　　　　　　　　　　　Tā láiguo zhèr yì huí.

　　☞目的語が代名詞の場合は動作量の前におきます。

我去了上海一趟。　　　　　　　　　　　Wǒ qùle Shànghǎi yí tàng.

　　☞目的語が人名・地名の場合は前後どちらでも構いません。

数量を表す語と目的語のある文の組み立て

目的語の種類や動詞の性質によって語順が変わりますが、目的語が普通名詞の場合は次のように並べます。

動詞＋ [①数詞＋助数詞／②時間量／③動作量] ＋目的語（普通名詞）

　✎ 次の日本語を中国語にしてみましょう。（答えは p.59）
　　①私は中国語の本を2冊持っています。
　　②私は中国語を2時間勉強しました。
　　③私は中国映画を2回見たことがあります。

～从…到　～から…まで	音乐　音楽	课文　テキストの本文
听　聞く	念　音読する	

1. 次の期間を中国語で表現してみましょう。

日本义务教育　　何年間？　　　　（　　　　　　　　　）　　※义务教育 yìwùjiàoyù　義務教育

暑假　　　　　　何週間？　　　　（　　　　　　　　　）

每周上课　　　　何日間？　　　　（　　　　　　　　　）　　※每周 měizhōu　每週

大学一节课　　　何時間？ 何分間？（　　　　　　　）（　　　　　　　　　　　）

2. 数量を伴う目的語に注意して中国語にしなさい。

(1) 今日私は彼に2回会いました。

_____

(2) 昨夜私は中国語を2時間半勉強しました。

_____

(3) 今朝私はコーヒーを2杯飲みました。

_____

(4) 父がこの本を私にくれました。

_____

3. 次の中国語を否定文にして日本語に訳しなさい。

(1) 他去年去美国留学的。

_____

(2) 李老师教我们汉语。

_____

(3) 晚上我给你打电话。

_____

(4) 他送了我这本书。

_____

(5) 今天我骑自行车来了。

_____

72 4. 質問を聞いて中国語で適切に答えなさい。

(1)

_____

(2)

_____

(3)

_____

(4)

_____

(5)

_____

p.57の答え：①我有两本中文书。　②我学了两个小时汉语。　③我看过两次中国电影。

第9課

花火を観る

好一は李明と一緒に花火大会にでかけます。

学習ポイント　1. 結果補語　2. "把"構文　3. 動詞の重ね型　4. 外来語の表現

73

李明：
Wǒ dì-yī cì néng zài zhème jìn de dìfang kànjiàn yànhuǒ.
我 第 一 次 能 在 这么 近 的 地方 看见 焰火。

好一：
Tài piàoliang le, yànhuǒ shēng xiǎngchè tiānkōng, chōngmǎn zhènhànlì!
太 漂亮 了, 焰火 声 响彻 天空, 充满 震撼力!

李明：
Èrlínglíngbā nián Běijīng Àoyùn shí wǒ zài diànshì shang kànguo.
二〇〇八 年 北京奥运 时 我 在 电视 上 看过。

Guǒrán zài xiànchǎng kàn wánquán bù tóng.
果然 在 现场 看 完全 不 同。

好一：
Duìle, nǐ è le ba? Yànhuǒ jiùyào jiéshù le.
对了, 你 饿 了 吧? 焰火 就要 结束 了。

Zánmen qù yèshì chī xiǎochī ba.
咱们 去 夜市 吃 小吃 吧。

李明：
Rìběn de Bjí měishí hěn yǒumíng, wǒ yìzhí xiǎng chángchang.
日本 的 B级 美食 很 有名, 我 一直 想 尝尝。

好一：
Bjí měishí yòu hǎochī yòu piányi.
B级 美食 又 好吃 又 便宜。

李明：
Nǐ gěi wǒ pāi zhāng zhào ba. Wǒ yào bǎ Bjí měishí fādào wēixìn shang.
你 给 我 拍 张 照 吧。我 要 把 B级 美食 发到 微信 上。

74

単語帳

第一次　dì-yī cì　初めて
地方　dìfang　場所
见　jiàn　②感覚としてキャッチすることを表す（結果補語）
焰火　yànhuǒ　花火
声　shēng　音
响彻　xiǎngchè　響く
天空　tiānkōng　空
充满　chōngmǎn　充満する
震撼力　zhènhànlì　迫力
北京奥运　Běijīng Àoyùn　北京オリンピック
果然　guǒrán　やはり
现场　xiànchǎng　ライブ
完全　wánquán　完全に
不同　bù tóng　違う
对了　duìle　（思いついて）そうだ
结束　jiéshù　終わる

夜市　yèshì　夜店
小吃　xiǎochī　軽食
B级美食　Bjí měishí　B級グルメ
有名　yǒumíng　有名だ
一直　yìzhí　ずっと
尝　cháng　味わう
又～又…　yòu～yòu…　～であり、…である。
　　2つの状態・動作が同時に起こること
便宜　piányi　（値段が）安い
拍照　pāizhào　写真を撮る
把　bǎ　～を
发　fā　送信する、送る
到　dào　③ある場所へ達することを表す（結果補語）
微信　wēixìn　中国発祥のスマートフォン向け無料インスタントメッセンジャーアプリ、ウィーチャット（WeChat）

60

1 結果補語

動詞につけて、その動作・行為の結果がどうであるかを補足説明します。

動詞 ＋ 結果補語（動詞／形容詞）　☞アスペクト助詞 "了／过" は結果補語の後ろにつけます。

| 吃
chī
食べる | その結果▶ | 完
wán
終わる | 吃完（了）
chīwán (le)
食べ終わる（終わった） | 没吃完
méi chīwán
食べ終わっていない |
| 写
xiě
書く | その結果▶ | 错
cuò
間違っている | 写错（了）
xiěcuò (le)
書き間違える（間違えた） | 没写错
méi xiěcuò
書き間違っていない |

菜都做好了，请吃吧。　　　　　　　　　　Cài dōu zuòhǎo le, qǐng chī ba.

你看见他了吗？ —还没看见。　　　　　Nǐ kànjiàn tā le ma? —Hái méi kànjiàn.

我吃饱了。　　　　　　　　　　　　　　Wǒ chībǎo le.

老师的话你听懂了没有？ —听懂了。　　Lǎoshī de huà nǐ tīngdǒng le méi yǒu? —Tīngdǒng le.

我找了半天，还没找到我的手机。　　　　Wǒ zhǎole bàn tiān, hái méi zhǎodào wǒ de shǒujī.

中国語の「やったよ！」は「やってない !?」

中国語で "做了"（やった）は、きちんとやり終わったかどうかまでは言えていません。結果補語で意義を補い、"做好了" "做完了" と表現すると、やり終わっているということがはっきり伝わり、"你做好了，那么可以去玩儿吧。"（ちゃんとやったのなら、遊びに行ってもいいよ。）となります。

2 "把"構文

目的語に何らかの行為を加えて、その結果その目的語がどうなるか（どうなったか）を表現します。

把 ＋ 目的語 ＋ 動詞 ＋ ［結果補語／方向補語／アスペクト助詞／目的語など］

☞"把" を付して前に出した目的語は特定できるもの、既知のものでなければなりません。また動詞もアスペクト助詞、補語などを付帯したものとなります。（方向補語は第11課学習ポイント1参照）

把你的衣服洗干净吧。　　　　　　　　　Bǎ nǐ de yīfu xǐgānjìng ba.

我还没把邮票贴在信封上。　　　　　　　Wǒ hái méi bǎ yóupiào tiēzài xìnfēng shang.

　　☞助動詞や否定の副詞［通常 "没(有)"］などは "把" の前におきます。

哥哥把我的自行车骑走了。　　　　　　　Gēge bǎ wǒ de zìxíngchē qízǒu le.

完　終わる（結果補語）
错　間違っている、正しくない（結果補語）
菜　料理
好　②動作の結果が満足できる、また完全にやり終わることを表す（結果補語）

饱　一杯になることを表す（結果補語）
话　話
懂　わかる、理解する（結果補語）
找　探す
半天　①長い間　②半日
到　④目的の実現、達成を表す（結果補語）

邮票　切手
贴　貼る
在　④動作の結果あるモノが "在" 以降の場所に残存することを表す（結果補語）
信封　封書
走　②その場を離れた状態になることを表す（結果補語）

3　動詞の重ね型：「ちょっと～する」

対話を円滑にするやわらかい表現になります。また「繰り返し～する」「試しに～する」を表現する場合もあります。

1音節動詞：Ａ　➡ＡＡ／Ａ－Ａ：看　➡看看／看一看　　┌─────────────┐
　　　　　　　　　　　　　　　　　　　　　　　　　　　│2つめは軽声で発音します。│
2音節動詞：ＡＢ➡ＡＢＡＢ：　　商量➡商量商量　　　└─────────────┘

请给我看看。　　　　　　　　　　　　Qǐng gěi wǒ kànkan.

咱们商量商量吧。　　　　　　　　　　Zánmen shāngliangshangliang ba.

4　外来語の表現

外来語は一定の法則にしたがい漢字で表現します。下記の例としてあげた外来語を当ててみましょう。

（答えは p.64）

(1)　音訳　☞ 地名や人名は近い音の漢字が当てられるので、このグループに属します。

Xīnjiāpō	Tángnàdé	Tèlǎngpǔ	Àolínpǐkè	yīmèir
新加坡	唐纳德	特朗普	奥林匹克	伊妹儿

(2)　意訳

diànzǐ yóujiàn	diànnǎo	Jīqìmāo	Kǒudai yāoguài
电子邮件	电脑	机器猫	口袋妖怪

(3)　音訳＋意訳／意訳＋音訳

yīntèwǎng	Dísīní lèyuán	Xīngbākè	xìnyòngkǎ
因特网	迪斯尼乐园	星巴克	信用卡

(4)　音訳・意訳兼用　　☞ 音訳に用いた漢字が同時に意味にも合致。商品、企業名などに多くみられます。

Kěkǒukělè	Sàibǎiwèi	Yōuyīkù
可口可乐	赛百味	优衣库

(5)　音訳／意訳＋種類を表す語

bālěiwǔ	pīngpāngqiú	jīwěijiǔ
芭蕾舞（芭蕾＋舞）	乒乓球（乒乓＋球）	鸡尾酒（鸡尾＋酒）

(6)　アルファベットにより表現したもの

AA zhì	kǎlā OK	Duōla Amèng
AA 制	卡拉 OK	哆啦 A 梦

商量　相談する

1. 次の単語にピンイン・声調を付し、日本語に訳しなさい。わからない単語は調べましょう。

	ピンイン・声調符号	日本語
上网	_____	_____
网址	_____	_____
智能手机	_____	_____
电子邮件	_____	_____
下载	_____	_____

2. 次の結果補語を使って中国語文を作りなさい。動詞は 看 写 听 买 から選びなさい。
ただし、同じ動詞は重複して使えません。

(1) 完

_____

(2) 到

_____

(3) 错

_____

(4) 见

_____

3. 次の中国語を否定文にして日本語に訳しなさい。

(1) 我要把作业做完。　　※作业 zuòyè　宿題

_____

(2) 他说的话我听懂了。

_____

(3) 我把报告写好了。　　※报告 bàogào　レポート

_____

(4) 我已经吃饱了。

_____

76 4. 質問を聞いて中国語で適切に答えなさい。

(1)
_____

(2)
_____

(3)
_____

(4)
_____

p.62　外来語の答え

新加坡	シンガポール	信用卡	クレジットカード
唐纳德 特朗普	ドナルド・トランプ	可口可乐	コカ・コーラ
奥林匹克	オリンピック	赛百味	サブウェイ
伊妹儿	eメール	优衣库	ユニクロ
电子邮件	eメール	芭蕾舞	バレエ
电脑	パソコン	乒乓球	卓球
机器猫	ドラえもん	鸡尾酒	カクテル
口袋妖怪	ポケモン	AA制	割り勘
因特网	インターネット	卡拉OK	カラオケ
迪斯尼乐园	ディズニーランド	哆啦A梦	ドラえもん
星巴克	スターバックス		

第10課 診察を受ける

李明はおなかを壊し病院に行きます。

学習ポイント　1. 動作、状態の様子や程度を表す補語を導く"得"〈様態補語〉
　　　　　　　2. アスペクト助詞"着"〈状態表現〉
　　　　　　　3. 形容詞＋"(一)点儿"と"有点儿"＋形容詞

77

大夫： dàifu Jīntiān nǎr bù shūfu?
今天 哪儿 不 舒服?

李明： Cóng zuówǎn yìzhí dùzi téng, lā dùzi. Yǒudiǎnr fālěng, shuìde yě bù hǎo.
从 昨晚 一直 肚子 疼，拉 肚子。有点儿 发冷，睡得 也 不 好。

大夫： Fāshāo ma? Liáng tǐwēn le ma?
发烧 吗? 量 体温 了 吗?

李明： Méiyǒu fāshāo, sānshíliù diǎn wǔ dù. Jiùshì dùzi téngde yàomìng.
没有 发烧，三十六 点 五 度。就是 肚子 疼得 要命。

大夫： Hái lā dùzi ma?
还 拉 肚子 吗?

李明： Xiànzài bù lā dùzi le. Dùzi yǐjing lākōng le.
现在 不 拉 肚子 了。肚子 已经 拉空 了。

大夫： Gěi nǐ kāi sān tiān de yào. Hǎo yìdiǎnr le,
给 你 开 三 天 的 药。好 一点儿 了，
yě yào bǎ yào dōu chīwán, hǎo ma?
也 要 把 药 都 吃完，好 吗?

李明： Hǎo de.
好 的。

护士： hùshì Xiān názhe yàofāng qù yàofáng ba. Qǐng duō bǎozhòng.
先 拿着 药方 去 药房 吧。请 多 保重。

78

単語帳

大夫	dàifu	医者	就	jiù ②数量と範囲の限定、ただ～だけ
舒服	shūfu	心地よい	要命	yàomìng 形容詞の程度が極めて高いことを表す
肚子	dùzi	腹	空	kōng 空っぽである（結果補語）
疼	téng	痛い	开药	kāi yào 薬を出す
拉肚子	lā dùzi	下痢をする、おなかを壊す	药	yào 薬（吃药 chīyào 薬を飲む）
有点儿	yǒudiǎnr	少し	护士	hùshì 看護師
发冷	fālěng	悪寒がする	拿	ná （手に）持つ、とる
得	de 動作、状態の様子や程度を表す補語を導く助詞		着	zhe 動作の持続を表すアスペクト助詞
发烧	fāshāo	熱がでる	药方	yàofāng 処方箋
量	liáng	測る	药房	yàofáng 薬局
体温	tǐwēn	体温	请多保重	qǐng duō bǎozhòng お大事に
度	dù	℃		

1 動作、状態の様子や程度を表す補語を導く"得"〈様態補語〉

(1) 動詞につけて、その動作・行為の行われる様子について表現する補語を導く。

（動詞＋）目的語 ＋ 動詞 ＋ 得 ＋ 補語

他（说）汉语说得很清楚。　　　　　　　　Tā (shuō) Hànyǔ shuōde hěn qīngchu.

中本跑得不快，走得快。　　　　　　　　Zhōngběn pǎode bú kuài, zǒude kuài.

她字写得好吗？／她字写得好不好？　　　Tā zì xiěde hǎo ma?／Tā zì xiěde hǎo bù hǎo?

—写得好。／写得很好。／写得不好。　　—Xiěde hǎo.／Xiěde hěn hǎo.／Xiěde bù hǎo.

(2) 形容詞や一部の心理活動を表す動詞につけて、その程度が高いことを強調する補語を導く。

形容詞など ＋ 得 ＋ 補語

我今天累得要命。　　　　　　　　　　　Wǒ jīntiān lèide yàomìng.

我最近忙得要死。　　　　　　　　　　　Wǒ zuìjìn mángde yàosǐ.

他比我大得多。　　　　　　　　　　　　Tā bǐ wǒ dàde duō.

☞"他比我忙多了。"のように、"得"を用いずに形容詞の後に補語を直接つけて程度が高いことを強調する表現もあります（第4課学習ポイント3(1)参照）。たとえば、"忙死了"（忙しくてたまらない）、"饿坏了"（腹が減ってたまらない）、"高兴极了"（うれしくてたまらない）などがあります。

2 アスペクト助詞"着"〈状態表現〉

動詞につけて、その動作や動作後の状態の持続を表現します。

動詞 ＋ 着～（呢）

爸爸在沙发上躺着。　　　　　　　　　　Bàba zài shāfā shang tǎngzhe.

墙上挂着一幅画儿。　　　　　　　　　　Qiáng shang guàzhe yì fú huàr.

窗户开着呢。　　　　　　　　　　　　　Chuānghu kāizhe ne.

窗户没（有）开着。　　　　　　　　　　Chuānghu méi(yǒu) kāizhe.

　　☞「開いていない」（"没有开"）状態の持続を表現するので"着"をつけます。

昨天她穿着红毛衣。　　　　　　　　　　Zuótiān tā chuānzhe hóng máoyī.

　　☞その時点における状態を表現するので、現在、過去、未来といった時制は関係ありません。

清楚　明らかである、はっきりとする	要命／要死／死了／坏了／极了　形容詞の程度が極めて高いことを表す	幅　絵画などを数える助数詞
跑　走る		画儿　絵
走　③歩く	沙发　ソファー	窗户　窓
字　字	躺　寝ころぶ、横になる	开　開く、開ける
累　疲れる	墙　壁	穿　着る
看病　診察を受ける	挂　掛ける	红　赤い
		毛衣　セーター

☞次の場合、ある動作（動詞①）を持続しながら別の動作（動詞②）をすることを表現します。

含む 動詞①～ ＋ 着 ＋ 動詞②～

你站着说吧。　　　　　　　　　　　Nǐ zhànzhe shuō ba.

他背着书包去图书馆。　　　　　　　Tā bēizhe shūbāo qù túshūguǎn.

我每天走着去学校。　　　　　　　　Wǒ měi tiān zǒuzhe qù xuéxiào.

"墙上挂着一幅画儿" と "墙上有一幅画儿" の表現の違い

　いずれも、場所にモノがあることを表現します。文頭には場所 "墙"（壁）、存在しているモノは不特定の "一幅画儿"（一枚の絵）です。"有" はその場所にあるか、ないかだけを表現します。一方「動詞＋"着"」は状態表現なので、存在の仕方、有り様の描写に主眼があります。つまり壁の絵がどのような状態にあるか、貼ってあるのか、掛けてあるのかなどということを描写します。なお、このように、不特定のヒト・モノ・コトが場所にどのように存在・出現・消失するかを表す文を「存現文」といい、「場所＋動詞（フレーズ）＋ヒト・モノ・コト」と言葉をならべます。

---

3 「形容詞＋"（一）点儿"」と「"有点儿"＋形容詞」：「ちょっと～」

(1) 比較して量や程度の差がわずかであることを表現する場合

含む 形容詞 ＋（一）点儿

那些苹果比这些好一点儿。　　　　　Nàxiē píngguǒ bǐ zhèxiē hǎo yìdiǎnr.

便宜一点儿吧。　　　　　　　　　　Piányi yìdiǎnr ba.

(2) あまり好ましくないようなことを主観的に「ちょっと～」と表現する場合

含む 有点儿 ＋ 形容詞

学英语有点儿难。　　　　　　　　　Xué Yīngyǔ yǒudiǎnr nán.

那个有点儿贵，我不买。　　　　　　Nàge yǒudiǎnr guì, wǒ bù mǎi.

这件衣服有点儿小。我要大一点儿的。　Zhè jiàn yīfu yǒu diǎnr xiǎo. Wǒ yào dà yìdiǎnr de.

> ちょうどいいと思って試着してみたら「ちょっと小さい (・_・;)」場合は、"有点儿小" となります。

站　立つ　　　　背　背負う　　　　小　小さい　　　　大　大きい

1. 本文の内容にそって次の質問に中国語で答えなさい。

(1) 李明在哪儿?

_____

(2) 李明从什么时候开始那样的?

_____

(3) 李明昨晚睡得怎么样?

_____

(4) 李明的身体状况现在怎么样了?　※身体 shēntǐ　からだ／状况 zhuàngkuàng　状況、状態

_____

2. 質問を聞いて中国語で適切に答えなさい。

(1) _____

(2) _____

(3) _____

(4) _____

3. 次の中国語を正しい語順に並べ替え、さらに日本語に訳しなさい。

(1) 舒服　有点儿　身体　不

_____

(2) 好　病　了　一点儿

_____

(3) 来　我　着　每天　走　学校

_____

(4) 好　得　太　字　写　写　我　不

_____

4. 次の中国語に1文字加えて日本語に合うようにしなさい。同じ語は重複して使えません。

例) 汉语难。(中国語は難しいです。)
　　　└很

(1) 昨天我去他家的时候, 他在家上网。(昨日彼の家に行ったとき、彼はインターネットをしていました。)

(2) 他还没吃饭。(彼はまだご飯を食べ終わっていません。)

(3) 你不要站吃。(立って食べてはいけません。)

(4) 昨天父亲到上海出差。(昨日父は上海に出張に行ってしまった。)　※出差 chūchāi　出張する

(5) 我妹妹没戴帽子。(妹は帽子をかぶったことがない。)　※戴 dài　かぶる／帽子 màozi　帽子

(6) 他常常把他的手机放桌子上。(彼はいつも携帯電話を机の上においています。)
　　※常常 chángcháng　常に、いつも／放 fàng　②おく、入れる

温泉に行く

訪日旅行者に大人気の温泉に、李明も初めてやってきました。

学習ポイント　1. 方向補語　2. 使役表現　3. 受身表現

80

李明： Wǒ dì- yī cì pào Rìběn de wēnquán.
我 第 一 次 泡 日本 的 温泉。

好一： Zhōngguó méiyǒu wēnquán ma?
中国 没有 温泉 吗?

李明： Yǒu shì yǒu, dànshì bú tài duō, érqiě pàofǎ yě bù yíyàng.
有 是 有, 但是 不 太 多, 而且 泡法 也 不 一样。

好一： Shì ma? Zěnme bù yíyàng ne?
是 吗? 怎么 不 一样 呢?

李明： Zài Zhōngguó, dàjiā chuānzhe yóuyǒngyī, nánnǚ yìqǐ pào wēnquán.
在 中国, 大家 穿着 游泳衣, 男女 一起 泡 温泉。

好一： Gēn Rìběn de xíguàn bù yíyàng. Zhèli bú yòng chuān yóuyǒngyī, dāngrán nánnǚ shì
跟 日本 的 习惯 不 一样。这里 不用 穿 游泳衣, 当然 男女 是
fēnkāi de.
分开 的。

李明： Hái děi xiān xǐgānjìng shēntǐ zài jìn yùchí. Zài yùchí li bù néng yòng máojīn ba?
还 得 先 洗干净 身体 再 进 浴池。在 浴池 里 不 能 用 毛巾 吧?

好一： Nǐ tài ràng wǒ chījīng le. Nǐ zhēn shì ge Rìběntōng a!
你 太 让 我 吃惊 了。你 真 是 个 日本通 啊!

李明： Nà dāngrán le.
那 当然 了。

好一： Bù chuān yīfú bèi rén kàndào yě méi wèntí ma?
不 穿 衣服 被 人 看到 也 没 问题 吗?

李明： Méi wèntí. Zánmen kuài jìnqu ba!
没 问题。咱们 快 进去 吧!
Rìyǔ li yǒu zhège shuōfǎ, shì ba?
日语 里 有 "裸の付き合い" 这个 说法, 是 吧?

81

単語帳

泡	pào	浸かる
温泉	wēnquán	温泉(泡温泉 pào wēnquán　温泉に入る)
而且	érqiě	さらに、且つ
泡法	pàofǎ	(温泉の)浸かり方、入り方
游泳衣	yóuyǒngyī	水着
男女	nánnǚ	男女
习惯	xíguàn	習慣
当然	dāngrán	①もちろん、むろん　②当然である
分开	fēnkāi	分かれる

得	děi	必要・義務を表す助動詞
再	zài	②それから
浴池	yùchí	風呂
毛巾	máojīn	タオル
让	ràng	①…に〜させる
吃惊	chījīng	驚く
日本通	Rìběntōng	日本ツウ
被	bèi	…に〜される
说法	shuōfǎ	言い方

1 方向補語

動詞の後ろに位置し、動作・行為の横や縦の動きを補足説明します。

①=【 来 ／ 去 】
　　〜テクル／〜テイク

②=【 進 ／ 出 ／ 上 ／ 下 ／ 過 ／ 回 ／ 起 】
　　ハイル／デル／ノボル／クダル／スギル／モドル／アガル（上向きの動作）

（1） 単純方向補語①

話し手の視点に近づいてくる動作（来）か遠ざかっていく動作（去）かを表現します。

話し手の視点

動詞 ＋ 目的語 ＋ ①

近づいてくる動作　　　　　　遠ざかっていく動作

王老师进来了。	Wáng lǎoshī jìnlai le.
我朋友昨天回老家去了。	Wǒ péngyou zuótiān huí lǎojiā qù le.
明天给我买那本杂志来吧。	Míngtiān gěi wǒ mǎi nà běn zázhì lai ba.
妈妈给我带雨伞来了。	Māma gěi wǒ dài yǔsǎn lai le.
／妈妈给我带来雨伞了。	／Māma gěi wǒ dàilai yǔsǎn le.

☞目的語が場所以外で、すでに起こった動作なら①の前後どちらにもおくことができます。

（2） 単純方向補語②

目的語が何であれ、②は動詞につけます。通常は目的語がないと文が成立しません。

動詞 ＋ ② ＋ 目的語

她跑出教室了。	Tā pǎochu jiàoshì le.
他把手机放进书包里了。	Tā bǎ shǒujī fàngjin shūbāo li le.

来　③近づいてくる動作を表す（方向補語）	过　②過ぎる動作を表す（方向補語）
去　②遠ざかっていく動作を表す（方向補語）	回　③戻る動作を表す（方向補語）
进　②入る動作を表す（方向補語）	起　上向きの動作を表す（方向補語）
出　出る動作を表す（方向補語）	老家　実家、故郷
上　②上がる、のぼる動作を表す（方向補語）	带　②持つ、携帯する
下　②下がる、くだる動作を表す（方向補語）	雨伞　傘

⑶ 複合方向補語

①と②が結びついてより詳細な動きを補足説明します。

動詞 ＋ ② ＋ 目的語 ＋ ①

她走下来了。　　　　　　　　　　　　Tā zǒuxiàlai le.

他跑出公司去了。　　　　　　　　　　Tā pǎochū gōngsī qù le.

哥哥买回最新的电脑来了。　　　　　　Gēge mǎihuí zuìxīn de diànnǎo lái le.

　／哥哥买回来最新的电脑了。　　　　／Gēge mǎihuílai zuìxīn de diànnǎo le.

☞目的語が場所以外で、すでに起こった動作なら①の前後どちらにもおくことができます。

---

2 使役表現：Aは／がB（動作の受け手）に～させる／（言いつけて）～させる

A＋ 让／叫 ＋B＋ 動詞　　　☞否定の副詞は "让／叫" の前におきます。

老师叫我们念课本。　　　　　　　　　Lǎoshī jiào wǒmen niàn kèběn.

　☞"叫" にはもともと「～するように言う（言いつける）」の意味があります。中国語の使役表現は、言いつけたその結果までは含んでいません。したがって、実際に音読したかまでは表しておらず、「私たちにテキストを音読させた」「私たちにテキストを音読するように言った（だけで実際に音読したかはわからない）」のどちらも表します。

妈妈不让我开车。　　　　　　　　　　Māma bú ràng wǒ kāichē.

　☞"让" にはもともと「望みどおりにさせてあげる」の意味があります。

叫他拿来吧。　　　　　　　　　　　　Jiào tā nálai ba.

让你久等了。　　　　　　　　　　　　Ràng nǐ jiǔ děng le.

　☞"我" は使わずに表現します。「お待たせしました」という慣用句として覚えましょう。

---

3 受身表現：A（動作の受け手）は／がBに～される

受け手がどのような影響を被り、どのような変化が起こったかなどについて述べる文なので、通常、動詞は単独で用いず、後ろに結果補語などの結果を表す何らかの成分が続きます。

A＋ 被／叫／让 ＋B＋ 動詞 ＋ 結果補語など

我的自行车叫姐姐骑走了。　　　　　　Wǒ de zìxíngchē jiào jiějie qízǒu le.

我让汽车撞了。　　　　　　　　　　　Wǒ ràng qìchē zhuàng le.

我妹妹没有被父母骂过。　　　　　　　Wǒ mèimei méiyǒu bèi fùmǔ màguo.

　☞否定の副詞は "被／叫／让" の前におきます。

老师的课本被借走了。　　　　　　　　Lǎoshī de kèběn bèi jièzǒu le.

　☞"被" を用いた場合はBを表現する必要がないときは省略できます。（第14課文法 Plus＋1 参照）

最新　最新　　　　　　　　に言う　　　　　让　②…に～される　　　骂　叱る、ののしる
叫　②（言いつけて）～　　久　久しい　　　　撞　ぶつかる　　　　　　借　借りる
　させる、～するよう　　　叫　③…に～される　父母　両親

72

1. 次の中国語を日本語に訳しなさい。

(1) 你不能把那本词典拿出去。

_____

(2) 老师走进教室来了。

_____

(3) 后天我朋友回老家去。

_____

(4) 让我给你介绍介绍。

_____

(5) 老师叫我借那本书来了。

_____

(6) 我的手机被拿走了。

_____

2. 次の中国語を正しい語順に並べ替えて、さらに日本語に訳しなさい。

(1) 让 了 等 你 久

_____

(2) 把 现在 的 我 报告 带来 他 没

_____

(3) 我 父亲 叫 留学 去

_____

(4) 去 出 跑 了 教室 学生们

_____

3. 次の中国語を否定文に書き換えなさい。

　(1)　李明去年来日本的。

　　　_____

　(2)　他把手机放在桌子上。

　　　_____

　(3)　妈妈让孩子去玩儿。

　　　_____

4. 質問を聞いて中国語で適切に答えなさい。

　(1)　_____

　(2)　_____

　(3)　_____

　(4)　_____

第12課

京都旅行の計画を立てる

好一と李明は秋の京都旅行でどこを訪れるか相談しています。

学習ポイント　1. 可能補語　2. 前置詞"离"　3. 疑問詞の非疑問用法(2)

好一：Jīngdū qiūtiān zuì měi ba.　Lí Jīngdū lǚxíng hái yǒu yí ge xīngqī.
　　　京都 秋天 最 美 吧。离 京都 旅行 还 有 一 个 星期。

李明：Wǒ yě hěn qīdài a.　Jìn jǐ nián shénme jìjié yóukè dōu hěn duō ba.
　　　我 也 很 期待 啊。近 几 年 什么 季节 游客 都 很 多 吧。

好一：Duì, zhè cì dìng fángjiān yě hěn máfan.
　　　对，这 次 订 房间 也 很 麻烦。

李明：Zánmen xiān qù nǎr? Tīngshuō zài wàiguó lǚkè zhōng zuì shòu huānyíng de shì
　　　咱们 先 去 哪儿? 听说 在 外国 旅客 中 最 受 欢迎 的 是
　　　Fújiàn-dàohédàshè.
　　　伏见稻荷大社。

好一：Wǒ yě tīngshuōguo. Zhěngzhěng qíqí de hóngsè páifāng kě piàoliang le.
　　　我 也 听说过。 整整 齐齐 的 红色 牌坊 可 漂亮 了。

李明：Zhīhòu qù Jīngésì,　ránhòu xiǎng qù Qīngshuǐsì.　Ránhòu…
　　　之后 去 金阁寺，然后 想 去 清水寺。 然后…

好一：Nàme duō dìfang zánmen yì tiān qùbùliǎo a!
　　　那么 多 地方 咱们 一 天 去不了 啊!

単語帳

京都　Jīngdū　京都	旅客　lǚkè　旅行者
最　　zuì　最も	受　　shòu　受ける
美　　měi　きれい、美しい	伏见稻荷大社　Fújiàn-dàohédàshè
离　　lí　時点、地点の隔たりを表す前置詞、から、	伏見稲荷大社
まで	整整齐齐　zhěngzhěng qíqí　整然と
旅行　lǚxíng　旅行	红色　hóngsè　赤色
期待　qīdài　待ち望む	牌坊　páifāng　鳥居
近几年　jìn jǐ nián　この何年か	可～了　kě～le　とても～だ
季节　jìjié　季節	之后　zhīhòu　その後
游客　yóukè　旅行者	金阁寺　Jīngésì　金閣寺
这次　zhè cì　この度	然后　ránhòu　そして、それから
订　　dìng　予約する	清水寺　Qīngshuǐsì　清水寺
麻烦　máfan　面倒だ	了　　liǎo　可能補語で現れ、実現できる、尽きる
听说　tīngshuō　聞くところによると～だそうだ	の意を表す
外国　wàiguó　外国	

1 可能補語

主観的、客観的な条件から動作の結果が可能か不可能かを表します。

動詞 ＋ 得／不 ＋ 結果補語／方向補語

我找不到我的智能手机。	Wǒ zhǎobudào wǒ de zhìnéng shǒujī.
老师说的汉语，你听得懂吗？	Lǎoshī shuō de Hànyǔ, nǐ tīngdedǒng ma?
／老师说的汉语，你听得懂听不懂？	／Lǎoshī shuō de Hànyǔ, nǐ tīngdedǒng tīngbudǒng?
—听得懂。／听不懂。	—Tīngdedǒng.／Tīngbudǒng.
今天我也许回不来。	Jīntiān wǒ yěxǔ huíbulái.

「"能／不能"＋動詞＋結果補語／方向補語」と可能補語による表現の使い分け

①能力や条件による可能、不可能を表す場合：
　　肯定形は、**可能補語**は疑問文やその回答などに限られます。
　　否定形は、**"不能"** は禁止表現になるので**可能補語**で表現します。
　　☞つまり、可能補語は圧倒的に否定形で現れることが多いのです。
　　　你听得懂吗？／你能听懂吗？—听得懂。／能听懂。／听不懂。

②許可や禁止の意味の場合：可能補語で表現せず、**"能／不能"** を用います。
　　这些词典不能借回去。

③**"能"** と**可能補語**の併用：表現が強調されます。
　　两、三个蛋糕，我能吃得了。

2 前置詞"离"：「AはBから／まで〜」

２点間の空間的・時間的な隔たりを表します。

A 离 B〜

我家离地铁站不远。	Wǒ jiā lí dìtiězhàn bù yuǎn.
离大学有三十公里。	Lí dàxué yǒu sānshí gōngli.
离寒假还有两个星期。	Lí hánjià hái yǒu liǎng ge xīngqī.

智能手机　スマートフォン	公里　長さの単位、km
也许　かもしれない	寒假　冬休み

3 疑問詞の非疑問用法（2）

⑴ 「いつ／どこ／だれ／なに／どれ／どんなに＋でも〜」

> 疑問詞 ＋ 都 ＋ 肯定

我什么时候都可以。 　　　　　　　　Wǒ shénme shíhou dōu kěyǐ.

他到哪里都带着孩子去。 　　　　　　Tā dào nǎli dōu dàizhe háizi qù.

⑵ 「いつ／どこ／だれ／なに／どれ／どんなに＋も〜ない」〈全面否定〉

> 疑問詞 ＋ 也／都 ＋ 否定

这件事谁都不知道。 　　　　　　　　Zhè jiàn shì shéi dōu bù zhīdao.

我肚子疼，什么也不想吃。 　　　　　Wǒ dùzi téng, shénme yě bù xiǎng chī.

☞「"一"＋助数詞（＋名詞）＋"也／都"＋"不／没"〜」も、「少しも／まったく〜ない」という表現になり、
　全面否定を表します。

　时间还早，一个人都没来。 　　　　　Shíjiān hái zǎo, yí ge rén dōu méi lái.

　中国电影我一次也没看过。 　　　　　Zhōngguó diànyǐng wǒ yí cì yě méi kànguo.

早　（時間的に）早い

1. 疑問詞を使って本課で学習した非疑問用法による中国語文を作成してみましょう。

   (1) _____

   (2) _____

   (3) _____

2. 日本語の意味になるように、単語を正しい語順に並べ替えなさい。

   (1) 要　都　谁　休息　（誰でも休まないといけません。）

   _____

   (2) 车站　远　离　不　好一的家　（好一の家は駅まで遠くありません。）　※车站 chēzhàn　駅

   _____

   (3) 有　还　离　寒假　两个月　（冬休みまでまだ2か月あります。）

   _____

   (4) 怎么　你家　这儿　到　从　走　（ここからあなたの家までどうやって行きますか。）

   _____

3. 質問を聞いて中国語で適切に答えなさい。

   (1) _____

   (2) _____

   (3) _____

   (4) _____

4. 次の日本語を、指示にしたがって中国語にしなさい。

(1) あなたは京都に行ったことがないそうですね。 〈伝聞表現を使って〉

_____

(2) 駅まで（時間的に）どのくらいかかりますか。 〈"离"を使って〉

_____

(3) 私は気分が悪くて、食べきれませんでした。 〈可能補語を使って〉

_____

(4) 明日あなたは帰ってこられますか。 〈可能補語を使って〉

_____

1. 可能の助動詞 "会" "能" "可以" から適当なものを選んで（　）に入れなさい。複数選択できるものはすべて書きましょう。

(1) 我（　　　　　　）打棒球。　※棒球 bàngqiú　野球

(2) 他一天（　　　　　　）看完二十本书。

(3) 这儿不（　　　　　　）大声说话。　※大声说话 dàshēng shuōhuà　大声で話す

(4) 我现在不（　　　　　　）去玩儿。

(5) 我妈妈很（　　　　　　）做菜。

(6) 我（　　　　　）看看吗？

(7) 她（　　　　　）英语。

(8) 今天下午（　　　　　　）下雨的。

2. 次の文を（　）の結果補語を使って中国語にしなさい。

(1) あなたはこの本を読み終わりましたか。（完）

_____

(2) 私はまだあの雑誌を手に入れていません。（到）

_____

(3) おなかもふくれたので行きましょう。（好）

_____

(4) 彼はこの字を書き間違えました。（错）

_____

(5) 昨日私は図書館で彼を見かけました。（见）

_____

3. 次の中国語を日本語にしなさい。

(1) 这个工作到明天早上做得完吗？

_____

(2) 他字写得很清楚。

_____

(3) 他的话从这儿听不见。

_____

(4) 最新款的智能手机已经卖光了，现在买不到。
※最新款 zuì xīn kuǎn　最新モデル／光 guāng　すっかりなくなることを表す（結果補語）

_____

(5) 这么多菜我吃不了。

_____

4. 次の中国語を正しい語順に並べ替えて、さらに日本語に訳しなさい。

(1) 不　离　远　车站　我家　太

_____

(2) 看　你　把　她　要　给　不　我的书

_____

(3) 很　东西　买　我姐姐　会

_____

(4) 他　来　的　明天　不　不　会

_____

(5) 报纸　懂　不　中文　看　我

_____

∼ 長文読解編 ∼

　会話文のスタイルではなく、書き言葉に特有の表現などを含む長文に触れてみましょう。「**文法Plus⁺**」には、文書に多用される語句や用法のほか、口語でも使われるものを取り上げました。課文を読み解き、各課の「**文化Focus** 🔍」に取り組むことで、中国社会や文化についてより理解を深めましょう。

第13課 中国人の苗字

86

　　中国的人口大约有十三亿人以上，约占世界人口的百分之二十左右。**但是**中国人的姓氏并不多。目前，中国人使用的姓氏只有三千五百个左右。顺便说一下，**虽然**各方看法不一，**据说**日本有二十多万个姓氏。

　　中国人的姓氏中最多的是李、王、张。这三个姓氏的总人口大约有两亿七千万人。**除了**这三个姓氏**以外**，占人口比率较多的姓氏**还**有刘、陈、杨、赵、黄、周、吴、徐、孙、胡、朱、高、林、何、郭、马。包括李、王、张在内，使用这十九个姓氏的人数已经达到了中国总人口的一半。

"张、王、李、赵遍地流。"に隠された5つ目の苗字は？

　中国では、昔から口ずさまれてきたこのフレーズ。ここにあげられた5つ苗字はどこにでもある、という意味です。「はぁ!? 4つでしょう？」と思ったあなた、よく見て、どこに5つ目の苗字が隠されているか、それは何か、当ててみてください。(答えは p.87)

張　　　李　　　？

王　　　趙

単語帳		
大约　およそ	不一　異なる	
百分之〜　〜%	(比)较　わりと、比較的	
姓氏　苗字、姓	包括〜在内　〜を含める	
并不多　多いというわけではない	达到　達する	
目前　現在、目下		
顺便　ついでに		
看法　見方		

> 単語帳にない語は
> 自分で調べましょう

84

Zhōngguó de rénkǒu dàyuē yǒu shísān yì rén yǐshàng, yuē zhàn shìjiè rénkǒu de bǎi fēn zhī èrshí zuǒyòu.　Dànshì Zhōngguórén de xìngshì bìng bù duō.　Mùqián, Zhōngguórén shǐyòng de xìngshì zhǐ yǒu sānqiān wǔbǎi ge zuǒyòu.　Shùnbiàn shuō yíxià, suīrán gèfāng kànfǎ bùyī, jùshuō Rìběn yǒu èrshí duō wàn ge xìngshì.

Zhōngguórén de xìngshì zhōng zuì duō de shì Lǐ、Wáng、Zhāng.　Zhè sān ge xìngshì de zǒngrénkǒu dàyuē yǒu liǎng yì qīqiān wàn rén.　Chúle zhè sān ge xìngshì yǐwài, zhàn rénkǒu bǐlù jiào duō de xìngshì hái yǒu Liú、Chén、Yáng、Zhào、Huáng、Zhōu、Wú、Xú、Sūn、Hú、Zhū、Gāo、Lín、Hé、Guō、Mǎ.　Bāokuò Lǐ、Wáng、Zhāng zài nèi, shǐyòng zhè shíjiǔ ge xìngshì de rénshù yǐjing dádàole Zhōngguó zǒngrénkǒu de yíbàn.

 column

中国では毎年インターネットで最多姓ランキングが公表され、国民的関心事となっています。とりわけ人口の2割を占める最多3姓のランキングは気になるところ。中国公安省の発表では、最多姓は2017年までは李王張の順でしたが、その後は王李張となっています。上位19の姓氏の構成や地域分布状況は、宋代以来変化がみられないそうです。こうした姓氏研究は、袁義達（中国科学院遺伝発生生物学研究所）らが2002年に『中国姓氏：群体遺伝和人口分布』（華東師範大学出版社）を公刊し、国営放送局CCTVで報道され日本のメディアにも取りあげられ、注視されるようになりました。その後も袁氏らはさらにデータを集積し、2007年に『中国姓氏：三百大姓－群体遺伝和人口分布』（同）、2010年『中国姓氏大辞典』（江西人民出版社）を刊行し、姓氏研究の礎を築きました。

文法Plus⁺

1 | 2行目 但是：「しかし」 | 3行目 虽然：「〜ではあるけれども」逆接の接続詞

"不过"や"但"や、前文に"虽然"後文に"但(是)／可是／不过／然而"などとの呼応表現も多用されます。

我很想跟你们一块儿去玩儿，但没有时间。 Wǒ hěn xiǎng gēn nǐmen yíkuàir qù wánr, dàn méiyou shíjiān.

虽然这件衣服很便宜，可是质量不太好。　Suīrán zhè jiàn yīfu hěn piányi, kěshì zhìliàng bútài hǎo.

2 | 3行目 据说：「〜だそうだ」伝聞表現

情報源を示す場合は"据〈情報源〉说"となります。"说"は省略されることも少なくありません。"听说""听〈情報源〉说"は、聞いて得た情報によります。

据／听共同社今天报道说， Jù/Tīng gòngtóngshè jīntiān bàodào shuō,
　日本首相拜会了中国国务院总理。 　　Rìběn shǒuxiàng bàihuìle Zhōngguó guówùyuàn zǒnglǐ.

据研究论文统计， Jù yánjiū lùnwén tǒngjì,
　中国人口每年增长一千万人。 　　Zhōngguó rénkǒu měinián zēngzhǎng yì qiān wàn rén.

3 | 5行目 除了〜(以外)，(都／也／还) …：「〜のほか、すべて／も／さらに…」累加

除了中国以外，还想去美国。 Chúle Zhōngguó yǐwài, hái xiǎng qù Měiguó.

☞文脈によって「〜を除き、(ほかはすべて)…」と排除も表します。

除了我，大家都参加比赛。 Chúle wǒ, dàjiā dōu cānjiā bǐsài.

文化 Focus 🔍

　　中国では、結婚すると夫婦間で苗字はどのようになるのか、また子どもの苗字はどのようにしているのか、調べてみましょう。

但是　しかし	据说〜　〜だそうだ	拜会　表敬訪問する
但　しかし	据…说〜　〜によると〜だそうだ	国务院总理　国務院総理
可是　しかし	听…说〜　によると〜だそうだ	研究论文　研究論文
不过　しかし	共同社　共同通信社	统计　統計
然而　しかし（文書語）	报道　報道	增长　①増加する
一块儿　一緒に	首相　首相	比赛　試合

1. 日本語の意味になるように、単語を正しい語順に並べ替えなさい。

   (1) 她　以外　除了　会　法语　和　英语　汉语　还　会　　※法语 Fǎyǔ　フランス語
   　　（彼女は中国語のほかに、さらにフランス語と英語もできます。）

   _____

   (2) 山田　别人　都　老师　除了　没　看见　　※别人 biéren　他の人
   　　（山田さん以外、ほかの人はみんな先生を見ていません。）

   _____

   (3) 新型流行性感冒　开始 了　已经　听说　流行
   　　※新型流行性感冒 xīnxíng liúxíngxìng gǎnmào　新型インフルエンザ／流行 liúxíng　流行する
   　　（聞くところによると、すでに新型インフルエンザが流行し始めたそうだ。）

   _____

2. 本文の内容に基づいて次の質問に答えなさい。

   (1) 中国人口大约占世界人口的五分之几？

   _____

   (2) 中国人使用的姓氏大约有多少？

   _____

   (3) 占中国人口中比率最高的三个姓氏是哪三个？

   _____

   (4) 李王张这三个姓氏一共占总人口的百分之多少？

   _____

   (5) 全国占人口比率较多的姓氏都有什么？

   _____

p.84の答え
　　"流"（liu）に同音の苗字 "刘"（Liu）が掛けられています。5つの苗字とは「張、王、李、趙、劉」です。

旧正月の年画

　　自古以来，在中国最热闹的节日之一就是春节。春节是阴历的正月。与日本的情况相似，中国正月的风俗习惯很多。其中之一就是年画。年画就是由老百姓绘制的一种画儿，**被**贴在自己家的墙上或大门上。每年春节到来之前，人们用新绘制的年画取代旧的，并**将**它一直贴在那里，直到第二年春节来临之前。年画描绘的是中国老百姓的心愿。比如生孩子、发财、长寿、富贵等等。这种年画**被**称为传统年画。

　　在近现代，反映新闻时事的年画逐步**被**普及了。当通信技术还不发达的时候，随着人们对信息需求的增长，年画承担**起**了传达新闻的任务。此后，政府领导也关注这些年画的出现及其作用。而且他们也积极地把年画用于政策的推进，年画终于变成了宣传政策的工具之一。这类年画**被**叫做新年画。

単語帳		
自古以来　古来より	心愿　願い	承担　担う
节日　祭日	发财　財貨の獲得	任务　役割
春节　旧暦の正月	富贵　富と地位	此后　この後
与～相似…　～と同様に…	称为　～と称する	领导　指導者
由～　～によって	逐步　次第に	关注　注目する、注目
老百姓　庶民	当～的时候　～の時	积极地　積極的に
绘制　描く	随着～　にしたがい	终于　ついに
大门　玄関	人们　人々	变成　かわる
取代　取り替える	对　②対象を示す前置詞	工具　道具
并　かつ、また	信息　情報	
直到　ずっと～になるまで	需求　欲求	
描绘　描画する	增长　②増加	

単語帳にない語は
自分で調べましょう

Zìgǔ yǐlái, zài Zhōngguó zuì rènào de jiérì zhī yī jiù shì chūnjié. Chūnjié shì yīnlì de zhēngyuè. Yǔ Rìběn de qíngkuàng xiāngsì, Zhōngguó zhēngyuè de fēngsú xíguàn hěn duō. Qízhōng zhī yī jiù shì niánhuà. Niánhuà jiù shì yóu lǎobǎixìng huìzhì de yì zhǒng huàr, bèi tiēzài zìjǐ jiā de qiáng shang huò dàmén shang. Měi nián chūnjié dàolái zhī qián, rénmen yòng xīn huìzhì de niánhuà qǔdài jiù de, bìng jiāng tā yìzhí tiēzài nàli, zhídào dì-èr nián chūnjié láilín zhī qián. Niánhuà miáohuì de shì Zhōngguó lǎobǎixìng de xīnyuàn. Bǐrú shēng háizi、fācái、chángshòu、fùguì děngděng. Zhè zhǒng niánhuà bèi chēngwéi Chuántǒng niánhuà.

Zài jìn-xiàndài, fǎnyìng xīnwén shíshì de niánhuà zhúbù bèi pǔjí le. Dāng tōngxìn jìshù hái bù fādá de shíhòu, suízhe rénmen duì xìnxī xūqiú de zēngzhǎng, niánhuà chéngdānqǐle chuándá xīnwén de rènwù. Cǐhòu, zhèngfǔ lǐngdǎo yě guānzhù zhèxiē niánhuà de chūxiàn jí qí zuòyòng. Érqiě tāmen yě jījí de bǎ niánhuà yòngyú zhèngcè de tuījìn, niánhuà zhōngyú biànchéngle xuānchuán zhèngcè de gōngjù zhī yī. Zhè lèi niánhuà bèi jiàozuò Xīn niánhuà.

 column

　個人の飾り絵であった年画が、情報伝達のメディアとして社会性を帯びるようになるのは、アヘン戦争（1840年）の勃発を契機とします。これ以降、列強諸国の侵攻が始まり、あわせて近代的な文物や思想も流入し、ついには清朝が崩壊するなど、中国社会に大変動が起こりました。この時代の年画には、正月の絵の題材としてタブーであった戦争や、政治批判、思想教育、そして上海や天津などの都市部に流入した西欧の近代的な文化が描かれたものも散見されます。よく見ると、そこには纏足していた女性の姿も見えます。こうした年画は近代社会の到来と女性の解放を表現し、旧態依然とした地方の人々にも新たな時代の息吹を伝え、社会の啓蒙にも一役かいました。

空には新来の玩具「風船」（"氣球"）を浮かべ、纏足の女性たちが屋外で蹴鞠を楽しむ様子を描く。本図は女性の解放と近代の到来を表象する。

蘇州桃花塢年画「十美踢球図」（清末・2003年翻印）

+ +

文法Plus✚

+ +

1 │ 3・6・7・10行目 被：「Ａ＋"被"(＋Ｂ)＋動詞＋α」「Ａが（Ｂに）〜される」受身表現

　受身表現（第11課学習ポイント３）のうち、文書で多用される "被" を使った受身表現について再び取り上げます。動作の「させ手」（Ｂ）は、相手がわからないとき、不特定のとき、言わなくてもわかるとき、言いたくないときなどは省略できます。また中国語の受身表現は一般的に不利益を被ったときに使いますが、"被" はその限りではありません。

我的钱包被偷了。　　　　　　　　　　　Wǒ de qiánbāo bèi tōu le.

据说富士山原来被称为 "不死山"。　　　Jùshuō Fùshì Shān yuánlái bèi chēngwéi "Bùsǐ Shān".

2 │ 4行目 将：「〜を」前置詞

"将" は文書で用いられ、口語では "把" に相当します。

请将可回收垃圾放到指定的收集场所。　　Qǐng jiāng kěhuíshōu lājī fàngdào zhǐdìng de
　　　　　　　　　　　　　　　　　　　　shōují chǎngsuǒ.

他将他的博士论文翻译成英文了。　　　　Tā jiāng tā de bóshì lùnwén fānyì chéng Yīngwén le.

3 │ 8行目 「動詞＋"起"＋名詞」：方向補語の派正義

それまでなかった動作や状況が始まり、持続することを表します。

他承担起了经营公司的责任。　　　　　　Tā chéngdānqǐle jīngyíng gōngsī de zérèn.

大家突然唱起了国歌。　　　　　　　　　Dàjiā tūrán chàngqǐle guógē.

文化 Focus🔍

　　アヘン戦争を契機として中国社会におこった変化が、新たな意義の年画を出現させました。中国社会におこった変化とはどのようなものがあげられるか調べてみましょう。

偷　盗む	收集场所　集積所	经营　経営する
原来　もともと	博士论文　博士論文	责任　責任
不死山　富士山の別称	翻译　翻訳する	突然　突然
将　①〜を（文書語）＝ "把"	成　成し遂げることを表す（結果補語）	唱　歌う
可回收垃圾　資源ごみ	英文　英文、英語	国歌　国歌
指定　指定する		

1. 次の質問に中国語で答えなさい。

　(1) 毎年正月你干什么？　　※干 gàn　する、やる

_____

　(2) 明年正月你打算去哪儿吗？

_____

　(3) 今年你跟谁过年了吗？

_____

2. 本文および「**column**」の内容に基づいて質問に答えなさい。

　(1) 春节是什么节日？

_____

　(2) 年画什么时候贴？贴在哪儿？

_____

　(3) 近代以后反映新闻时事的年画出现了，契机是什么？　　※契机 qìjī　きっかけ、契機

_____

　(4) 传统年画描绘的内容都有什么？　　※内容 nèiróng　内容

_____

　(5) 新年画描绘的内容有什么？

_____

中国のペット事情

　　不久以前，在富人中拥有大型犬是很受欢迎的。二〇一一年，中国各地媒体竞相报道一则藏獒以一百五十万美元被拍下的新闻。然而，这种繁荣已经结束了，现在被他们非法扔掉的大型犬引起了一个社会问题。一九九〇年代以前在中国说起宠物也就是蟋蟀或小鸟。但是随着中国的经济发展，这些被猫狗取而代之了。最近的趋势是养小型犬，宠物市场还**将**持续扩大。

　　在中国饲养宠物的数量受到各地相关条例的限制，**而且**养狗需要交登记费。每个城市的登记费价格不一，以前要花费几万日元，目前收费便宜了很多，第一年登记的时候，大概交一、两万左右，第二年开始收费差不多降到一半左右。中国城市人口的平均年收入为八十四万日元左右，因此这个价格不算高价。

　　人们曾经**认为**养狗可以显示社会地位，这种风气掀起了宠物狗热潮。但是，最近人们的观念出现了一些变化，愿意**将**宠物视为自己的家庭成员。这种观念上的改变也会导致宠物市场的进一步扩大。

単語帳

富人　富裕層	宠物　ペット	花费　費やす、(費用が)かかる
拥有　所有する	蟋蟀　こおろぎ	收费　徴収する
媒体　メディア	小鸟　鳥	差不多　ほとんど
竞相　争う	取而代之　これに代わる	降到　下がる
则　項目、書類などを数える助数詞	趋势　トレンド	因此　このため
藏獒　チベタンマスティフ	养　飼育する＝饲养	不算　というわけではない
美元　米ドル	受到　受け取る	高价　高額
拍下　落札する	相关　関係する	认为　〜と思う
繁荣　ブーム、繁栄	限制　制限する	显示　表す
非法　不法に	交　支払う	社会地位　ステイタス
扔掉　投棄する	登记费　登録料	风气　風潮
引起　引き起こす	城市　都市	掀起　引き起こす
说起　(〜について)言う	价格　価格	热潮　ブーム
	每个　どの〜	

単語帳にない語は自分で調べましょう

Bùjiǔ yǐqián, zài fùrén zhōng yǒngyǒu dàxíng quǎn shì hěn shòu huānyíng de. Èrlíngyīyī nián, Zhōngguó gèdì méitǐ jìngxiāng bàodào yìzé Zàngáo yǐ yìbǎi wǔshí wàn měiyuán bèi pāixià de xīnwén. Rán'ér, zhè zhǒng fánróng yǐjīng jiéshù le, xiànzài bèi tāmen fēifǎ rēngdiào de dàxíng quǎn yǐnqǐle yí ge shèhuì wèntí. Yījiǔjiǔlíng niándài yǐqián zài Zhōngguó shuōqǐ chǒngwù yě jiù shì xīshuài huò xiǎoniǎo. Dànshì suízhe Zhōngguó de jīngjì fāzhǎn, zhèxiē bèi māo gǒu qǔ'érdàizhī le. Zuìjìn de qūshì shì yǎng xiǎoxíng quǎn, chǒngwù shìchǎng hái jiāng chíxù kuòdà.

Zài Zhōngguó sìyǎng chǒngwù de shùliàng shòudào gèdì xiāngguān tiáolì de xiànzhì, érqiě yǎng gǒu xūyào jiāo dēngjìfèi. Měi ge chéngshì de dēngjìfèi jiàgé bù yī, yǐqián yào huāfèi jǐ wàn Rìyuán, mùqián shōufèi piányi le hěnduō, dì-yī nián dēngjì de shíhòu, dàgài jiāo yī、liǎng wàn zuǒyòu, dì-èr nián kāishǐ shōufèi chàbuduō jiàngdào yíbàn zuǒyòu. Zhōngguó chéngshì rénkǒu de píngjūn niánshōurù wéi bāshísì wàn Rìyuán zuǒyòu, yīncǐ zhège jiàgé bú suàn gāojià.

Rénmen céngjīng rènwéi yǎnggǒu kěyǐ xiǎnshì shèhuì dìwèi, zhè zhǒng fēngqì xiānqǐle chǒngwùgǒu rècháo. Dànshì, zuìjìn rénmen de guānniàn chūxiànle yìxiē biànhuà, yuànyì jiāng chǒngwù shìwéi zìjǐ de jiātíng chéngyuán. Zhè zhǒng guānniànshàng de gǎibiàn yě huì dǎozhì chǒngwù shìchǎng de jìnyíbù kuòdà.

 **column**

昨今では、犬や猫などのペットを飼っている世帯が、全世帯数の10％に達したそうです。そして飼い主のペットに対する考え方も、「ステイタス」から「かけがえのない家族」に変化しつつあるようです。そうした考え方の変化は、ペットの餌などや、美容院、ペット用のリラクセーション施設など、ペットにかける費用の増加に反映し、年収の10～30％に及ぶとされています。つまり、今後もさらに目の離せない熱い市場であることには変わりないようです。

+ +

文法Plus✛

+ +

1 │ **5行目** 将：「きっと～するだろう」副詞

病毒将得到控制。　　　　　　　　Bìngdú jiāng dédào kòngzhì.

未来的生活人工智能将无处不在。　Wèilái de shēnghuó réngōng zhìnéng jiāng wúchù bú zài.

☞12行目 "（人们）愿意将宠物视为自己的家庭成员" の "将" は前置詞「～を」です。（第14課参照）

2 │ **6行目** 而且：「さらに」累加の接続詞

前文で "不但" などと呼応して表現されます。「…だけでなく、さらに」

这家餐厅很好吃，而且价格也不算很贵。　Zhè jiā cāntīng hěn hàochī, érqiě jiàgé yě bú suàn hěn guì.

她不但长得漂亮，而且很聪明。　　　　Tā búdàn chǎngde piàoliang, érqiě hěn cōngmíng.

3 │ **11行目** 认为：「～と思う」の表現

中国語には「～と思う」という表現がいろいろあります。常用される "认为""觉得""以为""感觉" は次のように使い分けられています。

　　认为：正しいかどうかにかかわらず根拠があって思う。考える。

　　觉得：感じる。（感覚的に）思う。

　　以为：想定と実際は違った、というとき。

　　感觉："觉得" よりもより感覚的に感じるを表現するとき。

我认为他很有礼貌。　　　　Wǒ rènwéi tā hěn yǒu lǐmào.

我觉得今天比昨天更冷。　　Wǒ juéde jīntiān bǐ zuótiān gèng lěng.

我以为他是坏人。　　　　　Wǒ yǐwéi tā shì huàirén.

我感觉今天没有昨天冷。　　Wǒ gǎnjué jīntiān méiyǒu zuótiān lěng.

文化 Focus 🔍

　　かつて "蟋蟀" や "小鸟" がどのようにペットとして飼われていたのか調べてみましょう。

病毒　ウイルス	生活　生活、暮らし	长　成長する
将　②きっと～するだろう	人工智能　AI	聪明　賢い
得到　発展、改善、実現などを 　遂げる、勝ち取る	无处不在　どこにでもある	以为　～と思う。～と思っていた
	家　②家、商店、起業などを数	感觉　～と思う。感じる
控制　制御する、コントロールする	える助数詞	有礼貌　礼儀正しい
未来　将来、未来	餐厅　レストラン	坏人　悪人

1. 次の質問に中国語で答えなさい。

  (1) 你家有狗或者其它动物吗?

  _____

  (2) 你最喜欢的动物是什么?

  _____

  (3) 你喜欢狗还是喜欢猫? 为什么呢?　　※为什么 wèishénme　なぜ

  _____

2. 本文の内容に基づいて質問に答えなさい。

  (1) 过去人们一般喜欢养什么宠物?

  _____

  (2) 为什么人们曾经想养狗呢?

  _____

  (3) 过去如果想养狗的话, 要办什么手续呢?
　　※如果～的话 rúguǒ～de huà　もし～なら／办 bàn　処理する

  _____

  (4) 最近饲养宠物的比例大概占所有家庭的百分之多少?
　　※比例 bǐlì　比率／所有 suǒyǒu　あらゆる、すべての

  _____

  (5) 现在养狗所需的费用占城市居民年收入的百分之多少?
　　※所需 suǒxū　必要な、「"所"＋動詞＋"的"…」の形で名詞句を作る／居民 jūmín　住民

  _____

  (6) 你觉得为什么最近人们观念变化也会导致宠物市场的进一步扩大?

  _____

単　語　帳

□の数字は初出の課、発は発音編を示す。

● 発音練習をしながら基本的な語句を覚えましょう！ ●

時を表す言葉

① 時間軸・時間帯・季節

去年	qùnián	去年
今年	jīnnián	今年
明年	míngnián	来年
每年	měi nián	毎年
昨天	zuótiān	きのう
今天	jīntiān	きょう
明天	míngtiān	あした
每天	měi tiān	毎日
早上	zǎoshang	朝
晚上	wǎnshang	夜
现在	xiànzài	今
上午	shàngwǔ	午前
中午	zhōngwǔ	正午、昼
下午	xiàwǔ	午後
春天	chūntiān	春
夏天	xiàtiān	夏
秋天	qiūtiān	秋
冬天	dōngtiān	冬

② 西暦の表現

□□□□年	□□□□ nián	□□□□年
哪 (一) 年	nǎ (yì) nián	何年

③ 日付の表現

□月□号	□yuè □hào	□月□日
几月几号	jǐyuè jǐ hào	何月何日

④ 曜日の表現

星期□	xīngqī□	□曜日
星期一	xīngqīyī	月曜日
星期二	xīngqīèr	火曜日
星期三	xīngqīsān	水曜日
星期四	xīngqīsì	木曜日
星期五	xīngqīwǔ	金曜日
星期六	xīngqīliù	土曜日
星期天	xīngqītiān	日曜日
星期日	xīngqīrì	日曜日
星期几	xīngqījǐ	何曜日

⑤ 時刻の表現

□点□分	□diǎn□fēn	□時□分
整	zhěng	丁度
一刻	yíkè	15分
半	bàn	30分、半
差	chà	欠ける、不足する
几点	jǐ diǎn	何時

親族呼称

爷爷	yéye	父方のおじいさん
奶奶	nǎinai	父方のおばあさん
外公／老爷	wàigōng/lǎoye	母方のおじいさん
外婆／姥姥	wàipó/lǎolao	母方のおばあさん
父亲／爸爸	fùqin/bàba	お父さん
母亲／妈妈	mǔqin/māma	お母さん
哥哥	gēge	お兄さん
姐姐	jiějie	お姉さん
我	wǒ	私
弟弟	dìdi	弟
妹妹	mèimei	妹

あいさつ言葉

① 出会いのあいさつ

你好！	Nǐ hǎo!	こんにちは。
		英語の「Hi!」「Hello!」と同義で、朝昼夜いつでも使えます。
老师好！	Lǎoshī hǎo!	先生こんにちは。
田中好！	Tiánzhōng hǎo!	田中さんこんにちは。
早上好！	Zǎoshang hǎo!	おはようございます。
晚上好！	Wǎnshang hǎo!	こんばんは。
初次见面！	Chūcì jiànmiàn!	はじめまして。
认识您很高兴！	Rènshi nín hěn gāoxìng!	
		お知り合いになれてうれしいです。
请多关照！	Qǐng duō guānzhào!	
		どうぞよろしくお願いします。
拜托！	Bàituō!	
		どうぞよろしくお願いします。

② 感謝・詫び・ねぎらい

谢谢！	Xièxie!	ありがとう。
不用谢。	Bú yòng xiè.	どういたしまして。
不客气。	Bú kèqi.	どういたしまして。
对不起！	Duìbuqǐ!	ごめんなさい。
没关系。	Méi guānxi.	かまいません。
没事儿。	Méi shìr.	かまいません。
麻烦你了。	Máfan nǐ le.	ご面倒をおかけします。
辛苦了！	Xīnkǔ le!	お疲れ様。

③ 別れのあいさつ

再见！	Zàijiàn!	さようなら。
慢走！	Mànzǒu!	気を付けて（さようなら）。
晚安！	Wǎn'ān!	おやすみ。

A

啊	à	感嘆詞、驚き、感心、わあ、まあ②	
啊	a	①催促、言い含める意を表す	
		語気助詞	③
		②肯定の意を表す語気助詞	④
		③感慨、嘆息などを表す語気	
		助詞	⑤
AA制	AA zhì	割り勘	⑨
哎呀	āiyā	感嘆詞、驚き、意外、あら、おや④	
奥林匹克	Àolínpǐkè	オリンピック	⑨

B

B级美食	Bjí měishí	B級グルメ	⑨
吧	ba	①推量、確認などの語気助詞	①
		②促しの語気助詞	②
		③勧誘、提案の語気助詞	③
把	bǎ	～を ＝将 jiāng	⑨
芭蕾舞	bālěiwǔ	バレエ	⑨
百	bǎi	百（の位）	⑤
百分之～	bǎi fēn zhī～	～%	⑬
拜会	bàihuì	表敬訪問する	⑬
白色	báisè	白色	②
白天	báitiān	昼間	⑥
百元店	bǎiyuándiàn	百均	③
办	bàn	処理する	⑮
半年	bàn nián	半年間	⑧
半天	bàn tiān	①長い間 ②半日	⑨
棒球	bàngqiú	野球	⑫
饱	bǎo	一杯になることを表す	
		（結果補語）	⑨
报道	bàodào	報道	⑬
报告	bàogào	レポート	⑨
包括～在内	bāokuò～zàinèi	～を含める	⑬
报纸	bàozhǐ	新聞 ＝报 bào	③
杯	bēi	コップに入っているものを数	
		える助数詞	⑥
背	bēi	背負う	⑩
被	bèi	…に～される	⑪
北京奥运	Běijīng Àoyùn	北京オリンピック	⑨
本	běn	本類を数える助数詞	⑥
比	bǐ	～より	④
（比）较	(bǐ)jiào	わりと、比較的	⑬
比例	bǐlì	比率	⑮
比赛	bǐsài	試合	⑬
毕业	bìyè	卒業する	⑦
鼻子	bízi	鼻	③
遍	biàn	始めから終わりまで通しての	
		行為の回数を数える助数詞	⑧
变成	biànchéng	かわる	⑭
别人	biérén	ほかの人	⑬

病	bìng	病気	④
并	bìng	かつ、また	⑭
并不多	bìng bù duō	多いというわけではない	⑬
病毒	bìngdú	ウイルス	⑮
冰糕	bīnggāo	パフェ	③
博士论文	bóshì lùnwén	博士論文	⑭
不	bù	否定の副詞	①
不过	búguò	しかし	⑬
不死山	Bùsǐ Shān	富士山の別称	⑭
不算	bú suàn	というわけではない	⑮
不太	bú tài	あまり～ない	③
不同	bù tóng	違う	⑨
不一	bù yī	異なる	⑬
不用	bú yòng	～する必要ない	⑤

C

菜	cài	料理	⑨
参加	cānjiā	参加する	⑦
餐厅	cāntīng	レストラン	⑮
差不多	chàbuduō	ほとんど	⑮
长	cháng	長い	③
尝	cháng	味わう	⑨
常	cháng	しょっちゅう	④
唱	chàng	歌う	⑭
常常	chángcháng	常に、いつも	⑩
长城	Chángchéng	万里の長城	⑤
车站	chēzhàn	駅	⑫
成	chéng	成し遂げることを表す	
		（結果補語）	⑭
承担	chéngdān	担う	⑭
城市	chéngshì	都市	⑮
称为	chēngwéi	～と称する	⑭
吃	chī	食べる	①
吃饭	chīfàn	食事をする	④
吃惊	chījīng	驚く	⑪
吃药	chīyào	薬を飲む	⑩
充满	chōngmǎn	充満する	⑨
宠物	chǒngwù	ペット	⑮
抽烟	chōuyān	煙草を吸う	⑦
出	chū	出る動作を表す（方向補語）	⑪
出差	chūchāi	出張する	⑩
除了～以外	chúle～yǐwài	～を除いて、～のほかに	⑬
出门	chūmén	出かける	⑤
穿	chuān	着る	⑩
窗户	chuānghu	窓	⑩
春节	chūnjié	旧暦の正月	⑭
次	cì	動作の回数を数える助数詞	⑧
词典	cídiǎn	辞書	③
此后	cǐhòu	この後	⑭
从	cóng	起点（時間・空間）を示す	
		前置詞、～から	⑧

中国語	ピンイン	日本語	課
～从…到	~cóng…dào	～から…まで	⑧
聪明	cōngmíng	賢い	⑮
错	cuò	間違える（結果補語）	⑨

D

中国語	ピンイン	日本語	課
打	dǎ	（球技を）する	⑦
大	dà	大きい	⑩
打电话	dǎ diànhuà	電話をする	⑦
达到	dádào	達する	⑬
大家	dàjiā	みんな	⑧
大门	dàmén	玄関	⑭
打扫	dǎsǎo	掃除する	⑤
大声说话	dàshēng shuōhuà	大声で話す	⑫
打算	dǎsuan	～するつもりだ	④
大象	dàxiàng	ゾウ	③
大学	dàxué	大学	①
大学生	dàxuéshēng	大学生	①
大约	dàyuē	およそ	⑬
带	dài	①連れる、案内する	⑦
		②持つ、携帯する	⑪
戴	dài	かぶる	⑩
大夫	dàifu	医者	⑩
但	dàn	しかし	⑬
蛋糕	dàngāo	ケーキ	③
但是	dànshì	しかし	⑬
担心	dānxīn	心配する	⑤
当～的时候	dāng~de shíhòu	～の時	⑭
当然	dāngrán	①もちろん、むろん	
		②当然である	⑪
到	dào	①いたる、行く	⑤
		②到達点（時間、空間）を示す前置詞、～へ、～まで	⑧
		③ある場所へ達することを表す（結果補語）	
		④目的の実現、達成を表す（結果補語）	⑨
的	de	①連体修飾関係を作る助詞	①
		②肯定・断言の語気助詞	⑤
得	de	動作、状態の様子や程度を表す補語を導く助詞	⑩
得到	dédào	発展、改善、実現などを遂げる、勝ち取る	⑮
～的时候	~de shíhòu	～の時	②
得	děi	必要・義務を表す助動詞	⑪
等	děng	待つ	⑤
登记费	dēngjì fèi	登録料	⑮
地方	dìfang	場所	⑨
迪斯尼乐园	Dísīní lèyuán	ディズニーランド	⑨
地铁	dìtiě	地下鉄	⑤
地铁站	dìtiězhàn	地下鉄駅	⑤
第一次	dì-yī cì	初めて	⑨

中国語	ピンイン	日本語	課
点菜	diǎn cài	注文する	⑥
电灯	diàndēng	電燈	②
电脑	diànnǎo	パソコン	⑥
电视	diànshì	テレビ	②
点心	diǎnxin	菓子	⑤
电影	diànyǐng	映画	①
电子词典	diànzǐ cídiǎn	電子辞書	⑥
电子邮件	diànzǐ yóujiàn	電子メール	⑨
定	dìng	決める	⑭
订	dìng	予約する	⑫
懂	dǒng	わかる、理解する（結果補語）	⑨
东西	dōngxi	物	①
都	dōu	①みんな、全部	④
		②すでに	⑥
读	dú	読む	④
度	dù	℃	⑩
独生子	dúshēngzǐ	一人っ子	④
肚子	dùzi	腹	⑩
对	duì	①そのとおりである、正しい	①
		②対象を示す前置詞	⑭
对了	duìle	（思いついて）そうだ	⑨
对面	duìmiàn	向かい	④
多	duō	①多い　②たくさん	③
		③比較してその差が極めて大きいことを表す。ずっと	④
多长时间	duōcháng shíjiān	どのくらい（期間を尋ねる）	⑧
多大	duōdà	（年齢が）いくつ	④
哆啦A梦	Duōla Amèng	ドラえもん	⑨
多少	duōshao	いくつ、どのくらい	⑥
多少钱	duōshao qián	いくら	⑤

E

中国語	ピンイン	日本語	課
饿	è	空腹だ	④
而且	érqiě	さらに、且つ	⑪
儿子	érzi	息子	⑧

F

中国語	ピンイン	日本語	課
发	fā	送信する、送る	⑨
发财	fācái	財貨の獲得	⑭
发冷	fālěng	悪寒がする	⑩
发烧	fāshāo	熱がでる	⑩
发音	fāyīn	発音	③
法语	Fǎyǔ	フランス語	⑬
繁荣	fánróng	ブーム、繁栄	⑮
翻译	fānyì	翻訳する	⑭
放	fàng	①（暑假）（夏休み）になる	⑦
		②おく、入れる	⑩
方便	fāngbiàn	便利だ	⑦
房间	fángjiān	部屋	①
非常	fēicháng	非常に	③
非法	fēifǎ	不法に	⑮

分	fēn	①中国の通貨単位、分	⑤
		②時間の単位、分	発
份	fèn	分量を数える助数詞、〜人前	⑥
分开	fēnkāi	分かれる	⑪
分钟	fēnzhōng	〜分間	⑧
风气	fēngqì	風潮	⑮
幅	fú	絵画などを数える助数詞	⑩
富贵	fùguì	富と地位	⑭
伏见稻荷大社	Fújiàn-dàohédàshè	伏見稲荷大社	⑫
附近	fùjìn	近く	③
父母	fùmǔ	両親	⑪
富人	fùrén	富裕層	⑮
富士山	Fùshì Shān	富士山	⑦

G

干	gān	（飲み）干す	⑥
干	gàn	する、やる	⑭
干杯	gānbēi	乾杯する ＝干一杯 gān yì bēi	⑥
干净	gānjìng	清潔だ	⑪
感觉	gǎnjué	〜と思う。感じる	⑮
干一杯	gān yì bēi	乾杯する ＝干杯 gānbēi	⑥
高	gāo	高い	④
高价	gāojià	高額	⑮
告诉	gàosu	告げる、知らせる	⑧
高兴	gāoxìng	喜ぶ、うれしい	⑦
高中	gāozhōng	高校	⑧
高中生	gāozhōngshēng	高校生	⑥
个	ge	人や物を数える助数詞	⑥
给	gěi	①動作の受け手を示す前置詞、〜に（…する／する機会を与える／してあげる／してくれる）	⑦
		②あげる、くれる	⑧
跟	gēn	〜と	④
更	gèng	さらに、ずっと	④
公斤	gōngjīn	重さの単位、kg	⑤
工具	gōngjù	道具	⑭
公里	gōnglǐ	長さの単位、km	⑫
公司	gōngsī	会社	⑥
共同社	gòngtóngshè	共同通信社	⑬
工作	gōngzuò	仕事	③
工作人员	gōngzuò rényuán	職員	⑤
狗	gǒu	犬	⑮
挂	guà	掛ける	⑩
关	guān	閉める	⑭
关注	guānzhù	注目する、注目	⑭
光	guāng	すっかりなくなることを表す（結果補語）	⑫
贵	guì	（値段が）高い	④
贵姓	guìxìng	相手を敬って姓を尋ねるときの言い方	①

过	guo	①動作の経験を表すアスペクト助詞	⑤
		②過ぎることを表す（方向補語）	⑪
国歌	guógē	国歌	⑭
果然	guǒrán	やはり	⑨
国务院总理	guówùyuàn zǒnglǐ	国務院総理	⑬

H

还	hái	①さらに	④
		②まだ	⑥
还是	háishi	それとも	⑥
孩子	háizi	子供	④
汉堡包	hànbǎobāo	ハンバーガー	⑥
韩国	Hánguó	韓国	⑤
寒假	hánjià	冬休み	⑫
汉语	Hànyǔ	中国語	①
好	hǎo	①よい、元気だ	④
		②動作の結果が満足できる、また完全にやり終わることを表す（結果補語）	⑨
好吃	hǎochī	おいしい	④
好的	hǎo de	わかった	②
喝	hē	飲む	②
和	hé	〜と	④
很	hěn	とても	③
红	hóng	赤い	⑩
红茶	hóngchá	紅茶	②
红色	hóngsè	赤色	⑫
后边	hòubian	後ろ、後ろの方	④
后面	hòumian	後ろ、後ろの方	④
护士	hùshì	看護師	⑩
话	huà	話	⑨
花费	huāfèi	費やす、（費用が）かかる	⑮
坏了	huài le	形容詞につけて、その程度が極めて高いことを表す	⑩
坏人	huàirén	悪人	⑮
欢迎	huānyíng	歓迎する	①
画儿	huàr	絵	⑩
回	huí	①帰る、戻る	⑥
		②行為の回数を数える助数詞 ＝次 cì	⑧
		③戻る動作を表す（方向補語）	⑪
会	huì	可能の助動詞	⑦
绘制	huìzhì	描く	⑭

J

几	jǐ	数を尋ねる疑問詞、いくつ	④
记	jì	記録する、書き留める	⑭
机场	jīchǎng	飛行場	⑦
继承	jìchéng	継承する	⑭
计划	jìhuà	計画	

积极地	jījí de	積極的に	⑭
季节	jìjié	季節	⑫
极了	jí le	形容詞につけて、その程度が極めて高いことを表す	⑩
机器猫	Jīqìmāo	ドラえもん	⑨
鸡尾酒	jīwěijiǔ	カクテル	⑨
家	jiā	①家（家族、家庭）	①
		②家、商店、企業などを数える助数詞	⑮
价格	jiàgé	価格	⑮
见	jiàn	①会う	⑤
		②感覚としてキャッチすることを表す（結果補語）	⑨
件	jiàn	服や事柄を数える助数詞	⑥
坚持	jiānchí	堅持する、頑張りぬく	⑭
将	jiāng	①～を（文書語）＝把 bǎ	⑭
		②きっと～するだろう	⑮
降到	jiàngdào	下がる	⑮
教	jiāo	教える	⑧
交	jiāo	支払う	⑮
角	jiǎo	中国の通貨単位、角＝毛 máo	⑤
叫	jiào	①～と呼ぶ	①
		②（言いつけて）～させる、～するように言う	
		③…に～される	⑪
教室	jiàoshì	教室	③
饺子	jiǎozi	餃子	⑥
接	jiē	迎える	⑦
节	jié	授業を数える助数詞、コマ	⑥
借	jiè	借りる	⑪
节日	jiérì	祭日	⑭
介绍	jièshào	紹介する	⑦
结束	jiéshù	終わる	⑨
戒指	jièzhi	指輪	⑧
进	jìn	①入る	②
		②入る動作を表す（方向補語）	⑪
近	jìn	近い	③
进步	jìnbù	進歩する	⑭
近几年	jìn jǐ nián	この何年か	⑫
今后	jīnhòu	今後	⑧
京都	Jīngdū	京都	⑫
金阁寺	Jīngésì	金閣寺	⑫
竞相	jìngxiāng	争う	⑮
经营	jīngyíng	経営する	⑭
酒	jiǔ	酒	⑥
久	jiǔ	久しい	⑪
就	jiù	①ほかでもなく	②
		②数量と範囲の限定、ただ～だけ	⑩
就要～了	jiùyào~le	もうすぐ～	⑦
居民	jūmín	住民	⑮

据…说～	jù…shuō～	によると～だそうだ	⑬
据说～	jùshuō	～だそうだ	⑬
觉得	juéde	感じる、思う	④

K

咖啡	kāfēi	珈琲	③
卡拉OK	kǎlā OK	カラオケ	⑨
开	kāi	開く、開ける	⑩
开车	kāichē	車を運転する	⑦
开始	kāishǐ	始める、始まる	⑧
开药	kāi yào	薬を出す	⑩
看	kàn	①見る ②読む	②
看病	kànbìng	診察を受ける	⑩
看法	kànfǎ	見方	⑬
考	kǎo	受験する、試験する	⑭
课	kè	授業	③
可～了	kě~le	とても～だ	⑫
可爱	kěài	可愛い	④
课本	kèběn	テキスト	⑧
可回收垃圾	kěhuíshōu lājī	資源ごみ	⑭
可口可乐	Kěkǒukělè	コカ・コーラ	⑨
可乐	kělè	コーラ	②
可是	kěshì	しかし	⑬
课文	kèwén	テキストの本文	⑧
可以	kěyǐ	可能の助動詞	⑦
空	kōng	空っぽである（結果補語）	⑩
空调	kōngtiáo	エアコン	②
控制	kòngzhì	制御する、コントロールする	⑮
口	kǒu	家族の人数を数える助数詞	⑥
口袋	kǒudai	ポケット	②
口袋妖怪	Kǒudai yāoguài	ポケットモンスター	⑨
块	kuài	中国の通貨単位、元	⑤
快～了	kuài~le	もうすぐ～	⑦
快要～了	kuàiyào~le	もうすぐ～	⑦

L

拉肚子	lā dùzi	下痢をする、おなかを壊す	⑩
来	lái	①来る	②
		②動詞の前におき、動作主の積極性を表す	⑤
		③近づいてくる動作を表す（方向補語）	⑪
老百姓	lǎobǎixìng	庶民	⑭
老家	lǎojiā	実家、故郷	⑪
老师	lǎoshī	先生	①
了	le	①変化を表す語気助詞	④
		②動作の完了を表すアスペクト助詞	⑥
累	lèi	疲れる	⑩
离	lí	時点、地点の隔たりを表す前置詞	⑫

里	lǐ	中	②
里边	lǐbian	中、中の方	④
里面	lǐmian	中、中の方	④
礼物	lǐwù	プレゼント	⑧
量	liáng	測る	⑩
两	liǎng	2（量を表すとき）	発
辆	liàng	車両を数える助数詞	⑥
了	liǎo	可能補語で現れ、実現でき	
		る、尽きるの意を表す	⑫
零	líng	ゼロ	⑥
领导	lǐngdǎo	指導者	⑭
零花钱	línghuāqián	お小遣い	⑧
流行	liúxíng	流行する	⑬
留学	liúxué	留学する	⑦
留学生	liúxuéshēng	留学生	①
路线	lùxiàn	路線	⑤
旅客	lǚkè	旅行者	⑫
旅行	lǚxíng	旅行	⑫
论文	lùnwén	論文	⑧

M

骂	mà	叱る、ののしる	⑪
吗	ma	疑問を表す語気助詞	①
麻烦	máfan	面倒だ	⑫
麻婆豆腐	mápódòufu	マーボー豆腐	⑥
马上	mǎshàng	すぐに	⑦
买	mǎi	買う	③
卖	mài	売る	⑤
忙	máng	忙しい	③
毛	máo	中国の通貨単位、角	⑤
毛巾	máojīn	タオル	⑪
毛衣	máoyī	セーター	⑩
帽子	màozi	帽子	⑩
没	méi	否定を表す副詞	③
美	měi	きれい、美しい	⑫
每个	měige	どの〜	⑮
美国	Měiguó	アメリカ	①
媒体	méitǐ	メディア	⑮
没(有)问题	méi(yǒu) wèntí	問題ない、大丈夫だ	⑥
美元	měiyuán	米ドル	⑮
每周	měi zhōu	毎週	⑧
门口	ménkǒu	門、入口	⑤
米	mǐ	メートル	⑦
米饭	mǐfàn	ごはん、ライス	⑥
面包	miànbāo	パン	⑥
描绘	miáohuì	描画する	⑭
名字	míngzi	名前	①
目前	mùqián	現在、目下	⑬
木头	mùtou	木、木製	①

N

拿	ná	（手に）持つ、（手に）とる	⑩
那	nà	それ・その、あれ・あの	②
哪(个)	nǎge/něige	どれ・どの	②
那(个)	nà(ge)/nèi(ge)	それ・その、あれ・あの	②
那就	nà jiù	それなら	⑦
那么	nàme	①そんなに、あんなに	④
		②じゃあ	⑤
那时	nàshí	その時、あの時	⑦
哪些	nǎxiē/něixiē	どれら	②
那些	nàxiē/nèixiē	それら、あれら	②
难	nán	難しい	③
男女	nánnǚ	男女	⑪
哪儿／哪里	nǎr／nǎli	どこ	②
那儿／那里	nàr／nàli	そこ、あそこ	②
呢	ne	①確認の語気助詞	②
		②動作の進行を表す語気助詞	⑦
内容	nèiróng	内容	⑭
能	néng	可能の助動詞	⑦
嗯	ǹg	感嘆詞、承諾、肯定、うん、ええ	②
你	nǐ	あなた	①
你们	nǐmen	あなたたち	①
年	nián	①年	発
		②〜年間	⑧
念	niàn	音読する	⑧
年纪	niánjì	年齢	④
年轻人	niánqīngrén	若者	④
您	nín	あなたの敬称	①

P

派	pài	派遣する	⑥
牌坊	páifāng	鳥居	⑫
拍下	pāixià	落札する	⑮
拍照	pāizhào	写真を撮る	⑨
旁边	pángbiān	隣、傍ら	④
跑	pǎo	走る	⑩
泡	pào	浸かる	⑪
泡法	pàofǎ	（温泉の）浸かり方、入り方	⑪
泡温泉	pào wēnquán	温泉に入る	⑪
朋友	péngyou	友達	①
便宜	piányi	（値段が）安い	⑨
票	piào	切符、チケット	⑤
漂亮	piàoliang	綺麗だ	②
啤酒	píjiǔ	ビール	③
篇	piān	論文、詩文を数える助数詞	⑧
瓶	píng	瓶に入っているものを数える	
		助数詞	⑥
苹果	píngguǒ	りんご	⑥
乒乓球	pīngpāngqiú	卓球	⑨

Q

骑	qí	またがって乗る	⑧
起	qǐ	上向きの動作を表す（方向補語）	⑪
汽车	qìchē	自動車	③
起床	qǐchuáng	起きる	⑤
期待	qīdài	待ち望む	⑫
起飞	qǐfēi	離陸する	⑦
契机	qìjī	きっかけ、契機	⑭
千	qiān	千（の位）	⑥
钱	qián	銭、お金、円	⑤
钱包	qiánbāo	財布	②
前边	qiánbian	前、前の方	④
前面	qiánmian	前、前の方	④
墙	qiáng	壁	⑩
请	qǐng	①～してください	②
		②招く、もてなす	⑥
清楚	qīngchu	明らかである、はっきりとする	⑩
请多保重	qǐng duō bǎozhòng	お大事に	⑩
清水寺	Qīngshuǐsì	清水寺	⑫
去	qù	①行く	②
		②遠ざかっていく動作を表す（方向補語）	⑪
取代	qǔdài	取り替える	⑭
取而代之	qǔ ér dài zhī	これに代わる	⑮
趋势	qūshì	トレンド	⑮
劝	quàn	勧める、忠告する	⑥

R

然而	rán'ér	しかし（文書語）	⑬
然后	ránhòu	そして、それから	⑫
让	ràng	①…に～させる	⑪
		②…に～される	
热	rè	暑い	③
热潮	rècháo	ブーム	⑮
热牛奶	rèniúnǎi	ホットミルク	③
人	rén	人	③
人工智能	réngōng zhìnéng	AI	⑮
人们	rénmen	人々	⑭
认识	rènshi	知り合う、認識する	⑧
认为	rènwéi	～と思う	⑮
任务	rènwù	役割、任務	⑭
扔掉	rēngdiào	投棄する	⑮
日本	Rìběn	日本	⑤
日本人	Rìběnrén	日本人	①
日本通	Rìběntōng	日本ツウ	⑪
日本文学	Rìběn wénxué	日本文学	⑦
日文	Rìwén	日本語	⑦
日语	Rìyǔ	日本語	⑦
日元	Rìyuán	日本円	⑤

如果～的话	rúguǒ～de huà	もし～なら	⑮

S

赛百味	Sàibǎiwèi	サブウェイ	⑨
沙发	shāfā	ソファー	⑩
上	shàng	①上	②
		②上がる、のぼる動作を表す（方向補語）	⑪
上边	shàngbian	上、上の方	④
上课	shàngkè	授業が始まる、授業がある、授業をする	⑤
商量	shāngliang	相談する	⑨
上面	shàngmian	上、上の方	④
商品	shāngpǐn	商品、品物	③
上网	shàngwǎng	インターネットをする	⑦
少	shǎo	控えめに、少なめに	⑥
社会地位	shèhuì dìwèi	ステイタス	⑮
谁	shéi/shuí	誰	①
什么	shénme	疑問詞、何、どんな	①
什么时候	shénme shíhòu	いつ	⑤
身体	shēntǐ	からだ	⑩
声	shēng	音	⑨
生活	shēnghuó	生活、暮らし	⑮
时	shí	～の時	⑧
是	shì	～である	①
时间	shíjiān	時間	③
事儿	shìr	用事 ＝事 shì	③
食堂	shítáng	食堂	⑤
手	shǒu	手	⑤
受	shòu	受ける	⑫
受到	shòudào	受け取る	⑮
收费	shōufèi	徴収する	⑮
手机	shǒujī	携帯電話	②
收集场所	shōují chǎngsuǒ	集積所	⑭
手机号	shǒujī hào	携帯電話番号	⑧
收拾	shōushí	片づける	⑭
首相	shǒuxiàng	首相	⑬
书	shū	本	①
书包	shūbāo	カバン	②
舒服	shūfu	心地よい	⑩
暑假	shǔjià	夏休み	⑦
睡觉	shuìjiào	寝る ＝睡 shuì	⑤
说	shuō	話す	⑤
说法	shuōfǎ	言い方	⑪
说起	shuōqǐ	（～について）言う "起"は方向補語の派正義	⑮
顺便	shùnbiàn	ついでに	⑬
死了	sǐ le	形容詞につけて、その程度が極めて高いことを表す	⑩
饲养	sìyǎng	飼育する	⑮
送	sòng	贈る、送り届ける	⑧

酸辣汤	suānlàtāng	酸辣湯	⑥
岁	suì	歳	④
随便	suíbiàn	自由に、勝手に	⑥
虽然	suīrán	〜ではあるけれども	⑬
随着	suízhe	〜にしたがい	⑭
所需	suǒxū	必要な、「"所"+動詞+"的"…」の形で名詞句を作る	⑮
所有	suǒyǒu	あらゆる、すべての	⑮

T

他	tā	彼	①
她	tā	彼女	①
它	tā	それ	①
他们	tāmen	彼ら	①
她们	tāmen	彼女たち	①
它们	tāmen	それら	①
台	tái	機械などを数える助数詞	⑥
太〜了	tài〜le	とても〜だ	②
趟	tàng	往復の行為の回数を数える助数詞	⑧
躺	tǎng	寝ころぶ、横になる	⑩
唐纳德特朗普	Tángnàdé Tèlǎngpǔ	ドナルド・トランプ	⑨
疼	téng	痛い	⑩
踢	tī	蹴る	⑦
体温	tǐwēn	体温	⑩
天	tiān	〜日間	⑧
天空	tiānkōng	空	⑨
天气	tiānqì	天気	③
贴	tiē	貼る	⑨
听	tīng	聞く	⑧
听…说〜	tīng…shuō〜	…によると〜だそうだ	⑬
听说	tīngshuō	聞くところによると〜だそうだ	⑫
统计	tǒngjì	統計	⑬
同学	tóngxué	学生に対する呼称、クラスメート、同級生	⑧
偷	tōu	盗む	⑭
突然	tūrán	突然	⑭
图书馆	túshūguǎn	図書館	②
脱	tuō	脱ぐ	②

W

外国	wàiguó	外国	⑫
完	wán	終わる (結果補語)	⑨
碗	wǎn	碗に入っているものを数える助数詞	⑥
万	wàn	万 (の位)	⑥
完全	wánquán	完全に	⑨
玩儿	wánr	遊ぶ	⑦
忘	wàng	忘れる	⑥
网球	wǎngqiú	テニス	⑦
喂	wéi	もしもし	③

未来	wèilái	将来、未来	⑮
为什么	wèishénme	なぜ	⑮
微信	wēixìn	中国発祥のスマートフォン向け無料インスタントメッセンジャーアプリ、ウィーチャット	⑨
问	wèn	質問する、尋ねる	⑤
温泉	wēnquán	温泉	⑪
问题	wèntí	質問、問題	⑧
我们	wǒmen	私たち	①
屋	wū	部屋	②
无处不在	wúchù bú zài	どこにでもある	⑮
午饭	wǔfàn	昼ごはん	⑤

X

洗	xǐ	洗う	⑤
西安	Xī'ān	西安	⑧
习惯	xíguàn	習慣	⑪
喜欢	xǐhuan	好きだ	②
洗手间	xǐshǒujiān	トイレ	②
蟋蟀	xīshuài	こおろぎ	⑮
下	xià	下がる、くだる動作を表す (方向補語)	⑪
下边	xiàbian	下、下の方	④
下车	xiàchē	下車する	⑤
下课	xiàkè	授業が終わる	⑥
下面	xiàmian	下、下の方	④
下雨	xià yǔ	雨が降る	④
先	xiān	まず	②
现场	xiànchǎng	ライブ	⑨
羡慕	xiànmù	うらやましい	④
掀起	xiānqǐ	引き起こす	⑮
先生	xiānsheng	〜さん、男性に対する敬称	①
显示	xiǎnshì	表す	⑮
限制	xiànzhì	制限する	⑮
想	xiǎng	願望の助動詞	③
响彻	xiǎngchè	響く	⑨
相关	xiāngguān	関係する	⑮
象征	xiàngzhēng	象徴	⑦
小	xiǎo	小さい	⑩
小吃	xiǎochī	軽食	⑨
小笼包	xiǎolóngbāo	小籠包	⑤
小鸟	xiǎoniǎo	鳥	⑮
小时	xiǎoshí	〜時間	⑧
鞋	xié	靴	②
写	xiě	書く	⑦
信封	xìnfēng	封書	⑨
新加坡	Xīnjiāpō	シンガポール	⑨
新闻	xīnwén	ニュース	⑥
信息	xìnxī	情報	⑭
新型流行性感冒	xīnxíng liúxíngxìng gǎnmào	新型インフルエンザ	⑬

中国語	ピンイン	意味	課
信用卡	xìnyòngkǎ	クレジットカード	⑨
心愿	xīnyuàn	願い	⑭
行	xíng	よろしい	③
姓	xìng	姓を〜と言う	①
星巴克	Xīngbākè	スターバックス	⑨
星期	xīngqī	①曜日	発
		②〜週間	⑧
姓氏	xìngshì	苗字、姓	⑬
兄弟姐妹	xiōngdì jiěmèi	兄弟姉妹	④
休息	xiūxi	休む	②
修学旅行	xiūxué lǚxíng	修学旅行	⑧
需求	xūqiú	欲求	⑭
学期	xuéqī	学期	⑭
学生	xuésheng	学生	①
学习	xuéxí	①学ぶ ＝学 xué	②
		②勉強	③
学校	xuéxiào	学校	⑦

Y

中国語	ピンイン	意味	課
焰火	yànhuǒ	花火	⑨
研究	yánjiū	研究する	⑦
研究论文	yánjiū lùnwén	研究論文	⑬
研究室	yánjiūshì	研究室	⑤
养	yǎng	飼う	⑮
要	yào	①必要を表す助動詞	⑤
		②欲しい、要る	⑥
药	yào	薬	⑩
药方	yàofāng	処方箋	⑩
药房	yàofáng	薬局	⑩
遥控器	yáokòngqì	リモコン	②
要命	yàomìng	形容詞につけて、その程度が極めて高いことを表す	⑩
邀请	yāoqǐng	招待	④
要是〜,就…	yàoshi~, jiù…	もし〜、なら…	⑤
要死	yàosǐ	形容詞につけて、その程度が極めて高いことを表す	⑩
也	yě	〜も、また	③
夜市	yèshì	夜店	⑨
也许	yěxǔ	かもしれない	⑫
亿	yì	億（の位）	⑥
(一)点儿	(yì)diǎnr	ちょっと、量的に少ないこと	③
一定	yídìng	必ず、きっと	⑤
衣服	yīfu	服	⑥
以后	yǐhòu	以後	①
一会儿	yíhuìr	（時間的に）ちょっと	②
已经	yǐjing	すでに	⑥
一块儿	yíkuàir	一緒に	⑬
伊妹儿	yīmèir	電子メール	⑨
一年级	yìniánjí	一年生	①
一起	yìqǐ	一緒に	③
以为	yǐwéi	〜と思う。〜と思っていた	⑮
义务教育	yìwùjiàoyù	義務教育	⑧
一下	yíxià	（動詞の後ろにおいて）ちょっと〜する	⑦
一样	yíyàng	同じだ、同じように	④
一直	yìzhí	ずっと	⑨
因此	yīncǐ	このため	⑮
饮料	yǐnliào	飲み物	⑦
引起	yǐnqǐ	引き起こす	⑮
因特网	yīntèwǎng	インターネット	⑨
音乐	yīnyuè	音楽	⑧
樱大前站	Yīngdàqián Zhàn	さくら大前駅	⑤
应该	yīnggāi	義務を表す助動詞	⑤
樱花市	Yīnghuā Shì	さくら市	①
英文	Yīngwén	英文、英語	⑭
英语	Yīngyǔ	英語	④
拥有	yōngyǒu	所有する	⑮
由〜	yóu	〜によって	⑭
有	yǒu	ある、いる	③
右边	yòubian	右、右の方	④
有点儿	yǒudiǎnr	ちょっと	⑩
游客	yóukè	旅行者	⑫
有礼貌	yǒu lǐmào	礼儀正しい	⑮
右面	yòumian	右、右の方	④
有名	yǒumíng	有名だ	⑨
邮票	yóupiào	切手	⑨
优衣库	Yōuyīkù	ユニクロ	⑨
有意思	Yǒuyìsi	面白い	⑭
游泳	yóuyǒng	泳ぐ ＝游 yóu	⑦
游泳衣	yóuyǒngyī	水着	⑪
又〜又…	yòu~yòu…	〜であり、…である。2つの状態・動作が同時に起こること	⑨
浴池	yùchí	風呂	⑪
雨伞	yǔsǎn	傘	⑪
浴室	yùshì	バスルーム、風呂場	②
与〜相似…	yǔ~xiāngsì…	〜と同様に…	⑭
元	yuán	中国の通貨単位、元 ＝块 kuài	⑤
远	yuǎn	遠い	⑨
原来	yuánlái	もともと	⑭
月	yuè	①月	発
		②〜月間	⑧

Z

中国語	ピンイン	意味	課
杂志	zázhì	雑誌	③
在	zài	①ある、いる	②
		②場所を示す前置詞、〜で／に	⑤
		③進行表現の副詞	⑦
		④動作の結果あるモノが"在"以降の場所に残存することを表す（結果補語）	⑨
再	zài	①さらに、もっと	③
		②それから	⑪

咱们	zánmen	私たち（聞き手を含めて、親しい間柄で）	①
藏獒	Zàngáo	チベタンマスティフ	⑮
早	zǎo	（時間的に）早い	⑫
早饭	zǎofàn	朝食	④
则	zé	項目、書類などを数える助数詞	⑮
责任	zérèn	責任	⑭
怎么	zěnme	①疑問詞、どうやって ②疑問詞、なぜ	⑤
怎么了？	zěnme le	どうしたの？	③
怎么样	zěnme yàng	疑問詞、どのような、どうか	③
增长	zēngzhǎng	①増加する ②増加	⑬ ⑭
站	zhàn	立つ	⑩
张	zhāng	平らな面を持つものを数える助数詞	⑥
长	zhǎng	成長する	⑮
找	zhǎo	探す	⑨
这	zhè	これ・この	②
着	zhe	動作の持続を表すアスペクト助詞	⑩
这次	zhè cì	この度	⑫
这（个）	zhè(ge)/zhèi(ge)	これ・この	②
这么	zhème	こんなに	④
这儿 zhèr／这里 zhèli		ここ	②
这些	zhèxiē/zhèixiē	これら	②
真	zhēn	本当に	⑥
震撼力	zhènhànlì	迫力	⑨
正	zhèng	進行表現の副詞	⑦
整整齐齐	zhěngzhěng qíqí	整然と	⑫
知道	zhīdao	わかる、知る	④
直到	zhídào	ずっと～になるまで	⑭
知道了	zhīdao le	わかった	②
指定	zhǐdìng	指定する	⑭
之后	zhī hòu	その後	⑫

质量	zhìliàng	質	⑬
智能手机	zhìnéng shǒujī	スマートフォン	⑫
～之前	zhī qián	～の前に	⑤
重	zhòng	重い	④
中国	Zhōngguó	中国	①
中文	Zhōngwén	中国語	①
终于	zhōngyú	ついに	⑭
逐步	zhúbù	次第に	⑭
祝你生日快乐！ Zhù nǐ shēngri kuàilè!		誕生日おめでとう！	⑥
撞	zhuàng	ぶつかる	⑪
状况	zhuàngkuàng	状況、状態	⑩
桌子	zhuōzi	机	①
字	zì	字	⑩
自古以来	zìgǔ yǐlái	古来より	⑭
自己	zìjǐ	自分	⑤
自行车	zìxíngchē	自転車	⑧
走	zǒu	①行く ②その場を離れた状態になることを表す（結果補語） ③歩く	⑤ ⑨ ⑩
足球	zúqiú	サッカー	⑦
最	zuì	最も	⑫
最近	zuìjìn	最近	⑥
最新	zuìxīn	最新	⑪
最新款	zuì xīn kuǎn	最新モデル	⑫
坐	zuò	乗り物に乗る、座る	⑤
做	zuò	する、作る	③
左边	zuǒbian	左、左の方	④
做菜	zuò cài	料理を作る	⑦
左面	zuǒmian	左、左の方	④
昨晚	zuówǎn	昨晩 ＝昨天晚上 zuótiān wǎnshang	⑦
作业	zuòyè	宿題	⑨

中国語音節表

調音部位 / 母音 / 子音	a	o	e	-i	-i	er	ai	ei	ao	ou	an	en	ang	**eng**	ong	i	ia	ie	iao
唇音 b	ba	bo					bai	bei	bao		ban	ben	bang	**beng**		bi		bie	biao
唇音 p	pa	po					pai	pei	pao	pou	pan	pen	pang	**peng**		pi		pie	piao
唇音 m	ma	mo	me				mai	mei	mao	mou	man	men	mang	**meng**		mi		mie	miao
唇音 f	fa	fo						fei		fou	fan	fen	fang	**feng**					
舌先音 d	da		de				dai	dei	dao	dou	dan	den	dang	**deng**	dong	di	dia	die	diao
舌先音 t	ta		te				tai		tao	tou	tan		tang	**teng**	tong	ti		tie	tiao
舌先音 n	na		ne				nai	nei	nao	nou	nan	nen	nang	**neng**	nong	ni		nie	niao
舌先音 l	la	lo	le				lai	lei	lao	lou	lan		lang	**leng**	long	li	lia	lie	liao
舌根音 g	ga		ge				gai	gei	gao	gou	gan	gen	gang	**geng**	gong				
舌根音 k	ka		ke				kai	kei	kao	kou	kan	ken	kang	**keng**	kong				
舌根音 **h**	ha		he				hai	hei	hao	hou	han	hen	hang	**heng**	hong				
舌面音 j																ji	jia	jie	jiao
舌面音 q																qi	qia	qie	qiao
舌面音 x																xi	xia	xie	xiao
そり舌音 zh	zha		zhe	zhi			zhai	zhei	zhao	zhou	zhan	zhen	zhang	**zheng**	zhong				
そり舌音 ch	cha		che	chi			chai		chao	chou	chan	chen	chang	**cheng**	chong				
そり舌音 sh	sha		she	shi			shai	shei	shao	shou	shan	shen	shang	**sheng**					
そり舌音 r			re	ri					rao	rou	ran	ren	rang	**reng**	rong				
舌歯音 z	za		ze		**zi**		zai	zei	zao	zou	zan	zen	zang	**zeng**	zong				
舌歯音 c	ca		ce		**ci**		cai		cao	cou	can	cen	cang	**ceng**	cong				
舌歯音 s	sa		se		**si**		sai		sao	sou	san	sen	sang	**seng**	song				
子音なしの表記	a	o	e			er	ai	ei	ao	ou	an	en	ang	**eng**		yi	ya	ye	yao

☞ ▢ の音節は表記や発音に注意しましょう。

ou	ian	in	iang	ing	iong	u	ua	uo	uai	uei	uan	uen	uang	ueng	ü	üe	üan	ün
	bian	bin		bing		bu												
	pian	pin		ping		pu												
iu	**mian**	min		ming		mu												
						fu												
iu	**dian**			ding		du		duo		**dui**	duan	**dun**						
	tian			ting		tu		tuo		**tui**	tuan	**tun**						
iu	**nian**	nin	niang	ning		nu		nuo			nuan				nü	nüe		
iu	**lian**	lin	liang	ling		lu		luo			luan	**lun**			lü	lüe		
						gu	gua	guo	guai	**gui**	guan	**gun**	guang					
						ku	kua	kuo	kuai	**kui**	kuan	**kun**	kuang					
						hu	hua	huo	huai	**hui**	huan	**hun**	huang					
iu	**jian**	jin	jiang	jing	jiong										ju	jue	juan	jun
iu	**qian**	qin	qiang	qing	qiong										qu	que	quan	qun
iu	**xian**	xin	xiang	xing	xiong										xu	xue	xuan	xun
						zhu	zhua	zhuo	zhuai	**zhui**	zhuan	**zhun**	zhuang					
						chu	chua	chuo	chuai	**chui**	chuan	**chun**	chuang					
						shu	shua	shuo	shuai	**shui**	shuan	**shun**	shuang					
						ru	rua	ruo		**rui**	ruan	**run**						
						zu		zuo		**zui**	zuan	**zun**						
						cu		cuo		**cui**	cuan	**cun**						
						su		suo		**sui**	suan	**sun**						
ou	**yan**	**yin**	**yang**	**ying**	**yong**	**wu**	**wa**	**wo**	**wai**	**wei**	**wan**	**wen**	**wang**	**weng**	**yu**	**yue**	**yuan**	**yun**

著者紹介	辻 千春（つじ ちはる）
	愛知文教大学人文学部 教授
	学術博士（1998年、名古屋大学）

場面で学ぶおもてなし中国語

2021年3月30日　第1刷発行

著者　辻 千春

発行　株式会社あるむ
〒460-0012 名古屋市中区千代田3-1-12 第三記念橋ビル
Tel. 052-332-0861　Fax. 052-332-0862
https://www.arm-p.co.jp　E-mail: arm@a.email.ne.jp

印刷・製本　精版印刷